FACULTÉ DE DROIT DE LILLE

DES HONORAIRES

DES NOTAIRES

THÈSE POUR LE DOCTORAT

PRÉSENTÉE ET SOUTENUE

Le Mardi 30 Mai 1899, à 3 heures

par

Pierre ROVEL

LE CATEAU

IMPRIMERIE J. ROLAND, RUE PASTEUR

1899

THÈSE POUR LE DOCTORAT

DES HONORAIRES
DES NOTAIRES

THÈSE POUR LE DOCTORAT

PRÉSENTÉE ET SOUTENUE

Le Mardi 30 Mai 1899, à 3 heures

par

P**IERRE** ROVEL

LE CATEAU

IMPRIMERIE J. ROLAND, RUE PASTEUR

1899

FACULTÉ DE DROIT DE LILLE

ENSEIGNEMENT

MM. VALLAS (O. I. ✪), doyen, Professeur de Droit civil.

FÉDER (O. I. ✪), Professeur de Droit civil.

GARÇON (O. I. ✪), Professeur de Droit criminel, chargé de cours à la Faculté de Paris.

LACOUR (O. I. ✪), Professeur de Droit commercial.

BOURGUIN (O. I. ✪), Professeur d'Economie politique.

MOUCHET (O. I. ✪), Professeur de Droit romain.

JACQUEY (O. I. ✪), Professeur d'Histoire du Droit.

WAHL (O. A. ✪), Professeur de Procédure civile.

JACQUELIN (O. A. ✪), Professeur adjoint.

PELTIER, Agrégé chargé de Cours.

COLLINET, Agrégé chargé de Cours.

MARGAT, Agrégé chargé de cours.

PERCERON, Agrégé chargé de cours.

DUBOIS, Chargé de cours.

ADMINISTRATION

VALLAS (O. I. ✪), doyen.

LACOUR (O. I. ✪), assesseur.

SANSON (O. A. ✪), secrétaire.

Doyen honoraire

DE FOLLEVILLE (O. I. ✪)

Secrétaire honoraire

PROVANSAL (O. I. ✪)

COMMISSION DE LA THÈSE

Président : M. JACQUEY ;

Suffragants { MM. WAHL, Professeur ; MARGAT, Agrégé.

INDEX BIBLIOGRAPHIQUE

AMIAUD. — *Traité formulaire du Notariat. — Tarif général et raisonné.*

AUBRY et RAU.

CLAMAGERAN. — *Du louage d'industrie, du mandat et de la commission.*

DALLOZ. — *Recueil de Jurisprudence. — Répertoire de Jurisprudence.*

DEFRENOIS et VAVASSEUR. — *Traité pratique et Formulaire général du Notariat.*

DEMANTE. — *Cours analytique du Code civil.*

Dictionnaire des Notaires.

DURANTON. — *Du Mandat.*

GUILLOUARD. — *Traité du Contrat de Louage.*

Journal Officiel.

LAURENT.

LEGRAND. — *Des Honoraires des Notaires.*

MERLIN. — *Répertoire.*

MOURLON. — *Répétitions écrites sur le Code civil.*

Nord Judiciaire.

Pandectes Françaises.

Paul PONT. — *Petits Contrats.*

SIREY. — *Recueil de Jurisprudence.*

TROPLONG. — *Du Louage. — Du Mandat.*

ZACHARIÆ. — *Cours du droit civil (du Louage).*

DES HONORAIRES DES NOTAIRES

PRÉFACE

—

La dignité qui s'attache aux fonctions du notaire, l'importance de ces fonctions, ont fait donner à la rétribution qu'il reçoit pour les actes de son ministère, le nom d'honoraires. Il semble, si l'on s'attache au sens étymologique et historique de ce mot, que cette rétribution, bien que méritée, soit plutôt l'expression de la reconnaissance et de la bienveillance des parties que l'accomplissement, par elles, d'une obligation ; il semble que celui à qui on les donne, tout en pouvant les recevoir, ne doive ni en exiger le paiement, ni en fixer le montant d'une manière rigoureuse, exacte et précise. Voilà les idées, déjà très vieilles, qu'évoque le mot « honoraire ».

Ce n'est pas, croyons-nous, porter atteinte au respect qui doit entourer les officiers ministériels en général, et spécialement les notaires, que de considérer les honoraires, non comme une faveur, mais comme un droit véritable résultant d'un contrat.

On a été assez longtemps avant d'admettre cette idée et de s'habituer à son contact. Car si elle était en harmonie avec un raisonnement juridique sain et correct, il faut bien avouer qu'elle enlevait tout ce qu'il y avait de noblesse et de fierté dans l'honoraire dont elle faisait un synonyme de salaire.

Pothier, en touchant à cette question, basait son raisonnement sur une sorte d'axiome appartenant bien plutôt au droit naturel qu'au droit civil pur : il considérait comme injuste qu'une personne, après avoir eu recours à la science et aux conseils du notaire, reste indifférente et ne lui témoigne pas sa reconnaissance par un don qui lui permette de vivre honorablement, lui et sa famille, et de conserver le rang auquel l'ont élevé ses fonctions. Mais à cette époque on ne lui permettait pas plus qu'à l'avocat d'aller poursuivre ses clients devant la justice.

La loi du 6 Octobre 1791 a consacré ce droit aux honoraires ; le rapporteur en expliquait la nécessité par des raisons d'une justesse éclatante et d'une évidence incontestable, mais qui, laissant loin derrière elles la noblesse de conception de Pothier et de tous les anciens auteurs, avaient le tort plus grave d'être encore à côté du droit, pour se mouvoir plutôt dans le domaine

de la pratique. « Trop souvent, disait-il, en éta-
« blissant des fonctions on perd de vue l'intérêt
« du fonctionnaire, on croit n'avoir plus rien à
« faire lorsque ses devoirs lui ont été tracés,..
« mais ce n'est pas encore assez : il faut que
« ces devoirs soient remplis ; et il n'est guère
« de moyens plus sûrs d'atteindre ce but de
« toute institution, que d'attacher les fonction-
« naires par leur propre intérêt à l'accomplis-
« sement de leurs devoirs. »

Plus tard, la loi du 25 Ventose an XI admet
implicitement le principe, et sans s'inquiéter
d'en discuter théoriquement l'existence par l'application qu'elle en fait dans son article 51 :
« Les honoraires et vocations des notaires seront
« réglés à l'amiable entre eux et les parties,
« sinon par le tribunal civil de la résidence du
« notaire sur l'avis de la Chambre et sur simple
« mémoire sans frais. »

Voilà donc ce droit définitivement consacré
de nos jours par la loi, sans que celle-ci nous
indique précisément d'où il découle, sans qu'elle
nous montre le lien juridique d'où il dérive.
Elle nous laisse bien entrevoir l'existence d'un
contrat — exprès ou tacite, peu importe — puisqu'elle place sous nos yeux un des effets de
ce contrat. Mais elle ne nous dit pas quel il
est; c'est donc en nous aidant des principes
qu'il nous faut le déterminer. Nous étudierons

ensuite les honoraires en eux-mêmes ; la procédure spéciale par laquelle s'en opère le recouvrement, et les difficultés auxquelles leur réglement peut donner lieu.

PREMIÈRE PARTIE

—

DES HONORAIRES

CHAPITRE PREMIER

—

EN VERTU DE QUEL CONTRAT LES CLIENTS SONT-ILS TENUS A L'ÉGARD DES NOTAIRES ?

On ne saurait comprendre qu'une personne doive quelque chose à une autre sans qu'un rapport de droit existe entre elles, rapport qui est la source de la dette. Pour que le notaire ait le droit de recevoir des honoraires de ses clients il faut donc un lien entre lui et ces derniers.

Il en existe un de toute évidence : l'officier ministériel prête son intervention aux intéressés, il fait quelque chose pour eux ; voilà le rapport établi. Mais quelle en est la nature ? Là, les opinions divergent et conséquemment le désaccord continue au sujet de la notion même de l'honoraire.

Nous ne pensons pas que la question primordiale de l'existence d'un lien contractuel
entre notaire et client puisse être mise en doute.
Cependant on pourrait peut-être affirmer que
l'un et l'autre sont soumis à une obligation
légale parce que l'élément de volonté nécessaire
pour la formation d'un contrat n'existerait ni de
la part des notaires, qui « sont tenus de prêter
« leur ministère lorsqu'ils en sont requis [1] »,
ni de la part du client qui, pour les contrats
solennels, sont obligés par la loi d'avoir recours
au notaire.

Cette idée, croyons-nous, n'a jamais été présentée. Au surplus, il serait facile de répondre
que le notaire a manifesté tacitement la volonté
de se soumettre à ce droit de réquisition dès
l'instant où il est entré en fonctions et que par
conséquent il fait acte de volonté même en
instrumentant lorsqu'il est requis légalement.
Quant aux clients, ils sont libres de passer ou
de ne pas passer de contrats solennels, rien ne
les y force, du moins absolument. Si cependant
ils se décident à le faire, ils savent qu'ils
doivent aller devant le notaire et ils montrent,
en passant par son étude, leur volonté d'obéir
à la loi.

Il est des auteurs qui, transportant dans le

[1] *Loi du 25 Ventose an XI a. 3.*

domaine du droit les inégalités fatales et inévitables de l'ordre social sont arrivés, peut-être malgré eux, et en se plaçant à un point de vue tout-à-fait spécial à dénaturer le caractère de certains contrats, ou plutôt à leur attribuer un caractère qu'ils n'avaient pas. Ils ont établi, entre ces contrats, une sorte de hiérarchie et ont fait renaître ainsi une féodalité bizarre dans laquelle se rencontreraient des contrats nobles et des contrats roturiers. Le mandat, par exemple. rentrerait dans la première de ces deux catégories ; le louage d'ouvrage, au contraire, serait classé dans la seconde.

Le mandat serait le lien juridique qui forme l'obligation entre deux personnes, dont l'une se livre au profit de l'autre, non pas à un travail abject, peu considéré, servile, comme l'est généralement le travail matériel, ou purement manuel, mais à un travail plus relevé, moins dégradant, intellectuel, constituant l'apanage de ce que l'on appelle les professions libérales. Le maçon auquel vous faites élev r des murs, le menuisier qui construit une table, le voiturier qui transporte des marchandises et. d'une manière générale, l'ouvrier en se livrant au travail auquel il s'est consacré, ne peuvent en aucune façon être considérés comme des mandataires, car ils exercent une profession où la main d'œuvre, où le travail servile tient la place primordiale et presque totale, alors que l'esprit reste inactif ou à peu près tel. Car ce sont précisément ces professions, où la main agit plus que la tête, où la matière tient, au détriment de l'intelligence, la part la plus grande que le code civil a envisagées lorsqu'il a établi les règles du louage d'ouvrage. Le critérium serait donc facile à dégager : il suffit que le travail soit manuel pour qu'on puisse affirmer avec certitude qu'il fait l'objet d'un louage d'ouvrage. S'il s'agit, au contraire, d'un travail intellectuel, constituant l'exercice de ce qu'on appelle une profession libérale, on se trouve en présence d'un mandat.

Duranton le dit expressément : « On décidera « que la convention est un louage, dans tous « les cas où il s'agira d'un travail manuel ; par « exemple, si je charge un menuisier de me « faire une table, un lit avec du bois que je « lui fournis, moyennant un certain prix, ce sera « un louage et non un mandat ; mais si je charge « quelqu'un d'aller me représenter à Lyon, dans « telle faillite où je suis intéressé, ou d'acheter « pour moi un certain objet ou de vendre mes « biens avec promesse de lui compter une cer- « taine somme pour le service qu'il me rendra, « c'est un mandat et non un louage d'ouvrage. [1] »

Merlin, en combattant la prétention d'héritiers

(1) Duranton, *Traité du Mandat.*

dont un notaire réglait la succession et qui se prétendaient tenus envers ce dernier non solidairement, mais conjointement, a fait admettre par la Cour de cassation, dans un arrêt célèbre du 27 Janvier 1812, que les notaires étaient des mandataires. Il s'exprimait ainsi : « Comment « distinguer les travaux dont le prix est compa- « tible avec l'essence du mandat, d'avec les tra- « vaux qui se font en vertu du contrat de « louage ? Dépendent-ils d'un art mécanique, il « y a contrat de louage ; dépendent-ils d'un art « libéral, celui qui les commande et celui qui « les fait, ne sont liés l'un envers l'autre que par un contrat de mandat. [1] »

Consultez l'article 1711 du Code civil et vous verrez qu'il fait rentrer dans le louage d'ouvrage des travaux qui, par leur caractère de servilité, ne peuvent en aucune façon être mis en parallèle avec ceux qui touchent aux arts libéraux. La délimitation est très-précise dit-on, et la ligne de démarcation a été minutieusement tracée, afin qu'aucune confusion ne puisse se faire.

Plus loin, dans l'article 1779 du Code civil, nous trouvons la nomenclature des différentes espèces de louage d'ouvrage : le louage des gens de travail et des serviteurs à gage, louage de

---

(1) Merlin, *Répertoire, tome 11, v° notaire.*

voituriers, louage des entrepreneurs. Cette énumération, qu'on la considère ou non comme incomplète, est suffisante pour mettre en garde contre une confusion grossière. La distinction, telle qu'elle a été établie par le législateur, frappe d'autant plus qu'elle existe dans les mots, dans la langue et « dans les mœurs encore plus que dans les lois », preuve évidente qu'elle est aussi dans les idées.

Ce serait, dit-on, afficher un matérialisme exagéré que de mettre au même niveau toutes les professions, de les considérer toutes comme le moyen d'avoir un métier qui ne se distinguerait des autres que par le bénéfice. C'est dit Troplong, la porte ouverte au matérialisme par l'industrialisme. [1]

Tout travail intellectuel constituant l'exercice d'une profession libérale, et ne pouvant faire l'objet (le texte de la loi s'y oppose) d'un louage d'ouvrage devra donc être nécessairement classé dans le mandat. Il en sera ainsi du travail du notaire.

Le notaire peut cependant recevoir des honoraires. Leur payement constitue l'accomplissement d'une obligation. Mais ils ne sont pas le prix de ses peines. Or, telle est bien le caractéristique du mandat que la loi française déclare

(1) Troplong, du *Louage II*, N° *807*.

naturellement gratuit. En d'autres termes, s'il est conforme à la nature de ce contrat que le mandataire, après avoir accompli son obligation ne reçoive aucun émolument, il n'est pas défendu aux parties de convenir que cet émolument sera dû sans que pour cela le contrat dégénère en louage.

Le mandat, à cet égard, a subi des transformations, il n'est plus comme autrefois naturellement gratuit. Si donc aujourd'hui il est salarié, ce n'est pas à dire pour cela qu'il cesse d'être mandat. Actuellement le mandataire peut être payé sans dépouiller pour cela sa qualité de mandataire, parce qu'il est impossible de voir dans le prix qu'on lui donne un équivalent exact du travail fourni. Il ne faut pas se méprendre sur la gratuité naturelle du mandat moderne. Quelle que soit la somme que le mandant remette au mandataire, celui-ci ne sera pas considéré comme totalement indemnisé, parce que l'action accomplie par lui n'est pas susceptible d'une évaluation vénale.

Il peut donc se faire qu'un contrat à titre onéreux créant pour l'une des parties des obligations très lourdes et rapportant à l'autre une somme considérable, ne laisse pas cependant d'être un mandat, et il se distinguera du louage en ce que le prix, dans ce dernier contrat, correspond exactement aux services rendus, tandis qu'il n'y correspond pas dans le mandat.

Pothier disait en parlant des honoraires : « Ce
« n'est pas un loyer, ce n'est pas un prix.....
« de services qui sont inestimables de leur
« nature. Cette récompense se règle le plus
» souvent sur ce qu'il est d'usage le plus com-
« munément de donner pour ces services dans
« le lieu » où on les exerce. Il établissait, d'une
façon très frappante, la différence qu'il trouvait
entre cette récompense et un loyer ordinaire :
quand le loyer est payé, tout est fini, aucune
obligation ne subsiste plus ; mais après avoir
remis l'honoraire entre les mains de celui à
qui il est dû, il subsiste pour nous une autre
dette prenant naissance dans une sorte d'obligation naturelle : une dette de reconnaissance.
Sans doute cette reconnaissance peut exister
pour ceux dont nous louons les services, un
serviteur, par exemple ; mais dans ce cas elle
aura sa source non dans les services rendus,
mais dans la personne même de celui qui les
a rendus.

De l'avis de certains auteurs, la situation n'a
pas changé sous l'empire du Code civil, [1] et la
Cour de cassation a de bonne heure consacré
la théorie, chère encore à la jurisprudence
actuelle.

(1) Troplong, *du Louage, II, n° 804.*

On objecterait en vain, dit-on, que l'article 1984 du Code civil, considérant le mandataire comme le représentant du mandant, ne peut s'appliquer aux notaires qui ne représentent pas leurs clients. Car le texte de cet article n'est pas, sur le point qui nous occupe, d'une netteté et d'une affirmation absolues ; et on en arrive à nier ce caractère du mandat. D'abord, dit-on, l'article 1984 ne définit que l'acte émané du mandant, la procuration, et nullement le contrat qui se forme par la réunion des deux volontés du mandant et du mandataire. Il dit que la procuration est le pouvoir de faire quelque chose pour et au nom du mandant; ce n'est pas seulement le pouvoir, c'est l'obligation. De plus, il n'est pas toujours nécessaire que le mandataire traite au nom du mandant, les commissionnaires de commerce en sont une preuve (articles 91 et 92 du Code du commerce). Les rédacteurs du Code n'ont eu en vue que les cas les plus fréquents, le « *plerumque fit* », mais ils n'ont pas entendu donner une définition limitative. Nous aurons à revenir sur cette idée bientôt.

D'ailleurs, ne trouverait-on pas ridicule de considérer le mandataire comme une espèce d' « instrument télégraphique », chargé de recevoir et de transmettre la volonté d'autrui ? Le mandataire serait un automate que le mandant ferait mouvoir à son gré. Ce serait une personne qui n'aurait de volonté, de pouvoir et de capacité qu'autant que le mandant lui en transmettrait ? Non ! c'est là une idée qu'il faut abandonner et qui donne d'ailleurs « le plus éclatant « démenti aux notions que le législateur romain « nous a transmises sur la nature du mandat. » En prenant pour guide dans cette matière, la théorie de la représentation juridique d'une personne par une autre, on en arrive à trouver un louage là, où précisément les Romains trouvaient un mandat. Tous les auteurs qui décernent au notaire le titre de mandataire « ont pris pour guide les principes du droit « romain. »

Si l'on veut malgré tout considérer la représentation comme caractère essentiel du mandat, on peut la trouver bien souvent chez les notaires à l'égard de leurs clients : ils sont chargés par ceux-ci du règlement de leurs affaires, ils établissent en leur nom des états, des comptes ; ils ont à chaque instant, en leur nom, des relations avec l'administration de l'enregistrement ; ils sont leurs intermédiaires auprès des tiers, soit pour parvenir à la négociation de contrats dont ils arrêtent les bases et les conditions ; soit pour faire accepter aux uns comme aux autres des transactions qui évitent de longs et coûteux procès.

Enfin, il ne faut pas perdre de vue que le

mandat repose essentiellement sur la confiance et l'amitié. Or s'il est des relations où règne la confiance et souvent aussi l'amitié, ce sont bien les relations qui unissent les notaires à leurs clients. D'ailleurs cette confiance à l'égard de personnes chargées d'affaires très délicates, défenseurs d'intérêts considérables, dépositaires des secrets les plus intimes « empêchant les « différends de naître entre les hommes de « bonne foi, enlevant aux hommes cupides, avec « l'espoir du succès, l'envie d'exercer une injuste « contestation », se conçoit à merveille, elle est même absolument indispensable.

La jurisprudence a souvent eu l'occasion de soutenir que les notaires étaient des mandataires. Citons deux arrêts, l'un du commencement de ce siècle, l'autre de la fin. La Cour de cassation, le 27 Janvier 1812 [1], approuvant les idées de Merlin, décidait que les clients d'un notaire étaient tenus solidairement comme co-mandants. Le 1er Décembre 1891 [2], elle dit en termes exprès que le contrat formé entre le notaire et ses clients est un contrat de mandat.

Quels que soient le poids et l'importance des arguments que nous venons d'exposer, et bien que la théorie qu'ils servent à édifier soit soutenue très ardemment par plusieurs auteurs,

(1) Sirey 1812, I, p. 198, *Cassat.* 27 Janvier 1812.
(2) Sirey 1893, I, p. 497.

nous ne pensons pas qu'il faille marcher sur leurs traces en cette matière, et nous croyons préférable d'admettre une autre opinion, dont les nombreux défenseurs se conforment davantage aux règles et aux principes adoptés par le code.

On s'explique d'ailleurs difficilement pourquoi on a fait tant d'efforts pour donner aux notaires un titre que la loi ne leur reconnaît pas et nous ajoutons que l'on comprendrait mieux aujourd'hui l'avantage qui résulterait pour les notaires de la qualité de mandataire, et l'intérêt qu'ils auraient à s'en dire révêtus. Car d'une part, depuis l'existence d'un tarif légal, auquel les clients se savent astreints, et auquel ils adhèrent au moins tacitement, les notaires seraient sûrs de leur droit aux honoraires et d'autre part ils auraient une action solidaire contre les différentes personnes obligées dans une même affaire. Tandis que sous l'empire de l'ancienne législation, le titre de mandataire les exposait à se voir refuser le droit de réclamer des émoluments à défaut d'une convention préalable intervenue à ce sujet.

Malgré cette différence de situation, on ne suit plus la vieille doctrine de Merlin. Mais on est partagé sur la question de savoir si le notaire exerçant une profession libérale est tenu par l'effet d'un contrat de louage, ou par l'effet d'un contrat innommé.

La distinction entre les professions libérales et les professions non libérales, existe dans les mœurs, il est peut-être exagéré d'assimiler complètement et toujours les travaux manuels aux travaux intellectuels, mais ces considérations peuvent servir de base à une classification des individus dans l'ordre social, elles n'ont aucune portée si nous entrons dans le domaine économique ou juridique.

« De ce qu'il y a deux sortes de services
« rendus par l'homme à l'homme, les uns qui
« émanent de l'intelligence, les autres qui éma-
« nent du corps, s'en suit-il, dit M. Clamage-
« ran [1], qu'ils doivent être soumis à des
« règles différentes en droit ?... Non, la con-
« clusion n'est pas logique. En quoi la nature
« du prix répugne-t-elle à la nature des travaux
« de l'intelligence? Le prix n'est pas autre chose
« que le résultat de la balance entre l'offre et
« la demande. C'est là un axiome d'économie
« politique. Plus un service est recherché et
« plus il est cher, plus il est offert et plus il
« est bon marché. Pourquoi en serait-il autre-
« ment quand il s'agit des professions libéra-
« les ?... Ce qui trompe nos adversaires, c'est

(1) Clamageran, *du louage d'industrie du mandat et de la commission p. 260, n° 297 b. 2.*

« qu'ils s'imaginent que le prix est l'équivalent
« du service rendu. Comment trouver, disent-
« ils, un équivalent digne d'être offert à un
« médecin qui vous sauve la vie ?... Mais il
« en est de même pour le laboureur dont le
« travail vous permet de vivre, pour l'ouvrier
« qui vous vêtit, etc... Ce que l'on considère,
« c'est la plus ou moins grande difficulté d'ob-
« tenir le service. Et cela est juste au fond ;
« car cette difficulté résulte d'ordinaire de la
« difficulté du travail lui-même et dès lors le
« prix se trouve proportionné à l'activité réelle
« de l'ouvrier, et non aux conséquences plus
« ou moins lointaines de cette activité. Il suffit
« souvent du moindre effort pour sauver la vie
« à un homme, tandis qu'il faut un travail pé-
« nible et ardu pour lui rendre un service
« presque frivole... »

« Mais les carrières illibérales, dit-on, n'ont
« d'autre mobile que le lucre ; les carrières
« libérales ont pour mobile le dévouement,
« l'humanité, ou tout au moins le culte de
« l'art, de la science, de la religion... Certes,
« personne n'admire plus que moi les profes-
« sions dites libérales, leur existence seule est
« le témoignage d'une civilisation avancée...
« Mais mon admiration et mon respect ne sau-
« raient aller au-delà des limites de la vérité.
« Eh bien ! je l'avoue, il m'est impossible de

« reconnaître que le dévouement soit le mobile
« de ces professions... Le principe du droit
« c'est la réciprocité, c'est l'égalité ; le principe
« du dévouement, c'est la préférence d'un autre
« à soi-même ; ces deux principes sont incom-
« patibles ; le dernier est supérieur au premier
« mais il l'exclut. Si donc il était vrai que les
« professions libérales eussent pour motif le
« dévouement, elles monteraient dans la sphère
« de la philosophie et de la religion, elles ne
« seraient plus du domaine du jurisconsulte.
« Mais allons au fond des choses et deman-
« dons-nous, s'il est vrai que le dévouement
« soit le mobile véritable de ces professions ?
« Non... on s'y livre à un travail pénible sans
« doute mais facilité ou inspiré par l'amour de
« la science ou l'amour de l'art... Maintenant
« ce travail restera-t-il sans récompense ? Non,
« car il est rétribué d'une manière beaucoup
« plus large que le travail de l'ouvrier... D'ail-
« leurs toutes les professions sont susceptibles
« d'inspirer le dévouement, mais aucune n'a le
« dévouement pour principe. »

Ces idées nous paraissent très-nettes et très-
justes. C'est la nature des obligations des parties, prenant leur source dans la convention,
qui sert à caractériser et à spécifier le contrat
de louage d'ouvrage, sans qu'il soit nécessaire,
croyons-nous, de se demander, quelle sorte

d'ouvrage ou de travail doit être fournie par une personne, au bénéfice d'une autre.

Le code civil après avoir posé les règles générales du louage d'ouvrage, examine ensuite spécialement les rapports entre maîtres et ouvriers ou domestiques. Mais il serait exagéré de croire que le contrat de louage ne puisse exister qu'entre ces seules catégories de personnes. Le législateur comme le disent les auteurs que nous combattons, a envisagé la situation telle qu'elle se présente le plus fréquemment et il a édicté des règles précisément pour des cas qui par leur fréquence et leur banalité, sont destinés à amener des contestations et des discussions qu'il a voulu éviter dans la mesure du possible. Mais il n'a pas prétendu dresser une liste complète et définitive de tous les travaux qui peuvent faire l'objet d'un louage. Une telle nomenclature eut été impossible, car pour la faire il eut fallu connaître l'avenir, puisqu'à chaque instant on voit se créer des industries nouvelles ; et même, au moment où le code a été fait, certains contrats de louage d'ouvrage existaient à l'égard desquels il garde le silence, tel est par exemple, le louage des apprentis, des matelots ; faut-il admettre, qu'à raison de ce silence, il n'y ait pas, dans ces divers cas, louage d'ouvrage ?

Si donc on ne peut soustraire aux règles du droit commun certaines professions non libérales, sous prétexte que le code ne les a pas spécialement désignées, comment pourrait-on prétendre qu'il faille y soustraire des professions libérales qui ne diffèrent des autres que par le genre de service rendu. Il n'est pas du tout inadmissible que le travail manuel doive être assimilé au travail intellectuel, si l'on se place au point de vue juridique. Rien ne s'y oppose dans les lois et il y a un axiome qui dit : « Toute peine mérite salaire ». Est-il nécessaire d'établir la nature et la source de cette peine ? « L'obligation... de faire moyennant une « rémunération un certain travail, littéraire, « scientifique ou artistique, et généralement « tout travail intellectuel est une obligation ré- « sultant du contrat de louage ; l'article 1710 « donne en effet du contrat de louage d'ouvrage « la définition la plus compréhensive : il s'agit « de faire quelque chose [1] ».

La grande différence que l'on tient tant à maintenir entre les professions libérales et les professions non libérales ne doit donc pas exister à notre point de vue [2]. Ce n'est pas là une classification en concordance avec les principes du

---

(1) Demante, *Cours analytique de Code civil, tome XIII, p. 197, n° 284 bis IV.*

(2) Dans ce sens Mourlon, *Répétitions écrites sur le Code civil,* tome III, page 484, n° 1094 in-fine.

code, ce n'est pas une classification juridique.
/ L'honoraire, dit-on, ne correspond pas, comme
le salaire, au travail fourni. Nous trouvons, au
contraire, qu'il y correspond tout-à-fait du moment que deux personnes se sont engagées
l'une à le payer, l'autre à le recevoir, comme
rémunération de ce travail. Dès qu'un notaire
s'engage à prêter son ministère pour une somme fixée soit par une entente entre son client
et lui, soit par la loi elle-même, comme cela se
passe aujourd'hui, pourquoi ne pas décider que
cette somme constitue un prix au point de vue
économique ? Moyennant ce prix le notaire a
accepté d'instrumenter et en le versant le client
se déclare satisfait de l'intervention de l'officier
public. N'y a-t-il pas là un véritable louage de
services ?

La distinction entre l'honoraire et le salaire
n'existe pas plus au point de vue du droit
que la distinction entre les services. Elle n'existe
pas dans le code. Elle ne se trouve que dans
la langue, et elle tend de plus en plus à disparaître parce qu'elle ne correspond à aucune
idée précise. Si les différents services rendus
par l'homme à son prochain, revêtent des as-
pects différents, ils ont tous une même source :
l'activité humaine [1]. « Tous les gains obtenus

(1) Laurent, tome XXVII page.377.
(2) Sirey, *1893, 1, p. 497 et la note.*

« pour des services, quelle que soit leur dignité
« plus ou moins éminente sont des salaires...
« Les magistrats dans la rédaction de leurs
« considérants ne s'attachent plus à la distinc-
« tion subtile et vieille des honoraires et des
« salaires ; ces deux mots sont employés com-
« me synonymes [2] ». Le service, le travail est
ou n'est pas, il se loue ou il se donne. Mais,
du moment qu'il existe et qu'il fait l'objet d'un
contrat à titre onéreux, quelle raison y a-t-il
de distinguer tel service de tel autre et de ve
nir établir des gradations qui n'ont de seuls et
sérieux appuis que les habitudes et les mœurs ?
Il n'y a pas de travail purement intellectuel
pas plus qu'il n'y a de travail purement manuel.
Est-ce que le notaire qui fait une liquidation
ou un inventaire ne doit pas en classant ses
pièces, en établissant ses chiffres, ses colon-
nes, ses écritures, se livrer à un travail manuel ?
Est-ce que le mécanicien, chargé de la direc-
tion d'une machine, ne doit pas faire travailler
son intelligence pour savoir à quel moment et
de quelle façon il doit faire fonctionner les différentes parties de cette machine ? Vous consi-
dérez le sculpteur comme un mandataire parce
qu'il exerce une profession libérale, et l'ouvrier
qu'il emploie pour l'aider dans ses travaux,
comme un locateur d'ouvrage exerçant un métier. Et pourtant tous deux ont la conception

de l'art et un ouvrier quelconque ne pourrait pas être employé à ce métier. Vous regardez le notaire comme un mandataire et le clerc qu'il emploie et qui pourtant s'adonne à la même besogne que lui comme un locateur d'ouvrage. Mais dès lors ce n'est qu'une question de plus ou de moins et nous ne sommes plus guidés par les principes, c'est l'arbitraire. Où seront les règles stables qui nous conduiront ?

On dit qu'il faut consulter le mobile qui fait agir la personne chargée d'accomplir l'ouvrage. La difficulté est de découvrir ce mobile ; et une fois découvert, rien ne dit qu'il influera sur la nature de cet ouvrage. En outre, si on ne peut nier que certains ne travaillent que par amour du lucre, il serait par contre difficile d'en trouver, qui, en exerçant leur profession, chassent complètement de leur pensée la rémunération formant le prix de leurs travaux. Cette pensée est au second plan, nous le voulons bien, mais elle existe. On comprend notamment que les notaires qui ont à supporter de très lourdes charges, qui doivent au début et quelquefois pendant tout le cours de leur carrière répondre à des engagements très-onéreux, sur lesquels pèsent de grosses responsabilités, ne se soucient pas de rendre à leurs clients des services par pure complaisance et par pur désintéressement.

M. Duvergier a été frappé aussi par la confusion bizarre qu'on voulait créer entre le mandat et le louage. Troplong a combattu énergiquement sa théorie ; mais aux solides arguments juridiques de l'un, l'autre n'a trouvé à opposer que des arguments philosophiques par lesquels il a cherché à repousser ce qui était à son sens l'envahissement du matérialisme. Le matérialisme et le spiritualisme doivent être, croyons-nous, soigneusement écartés de cette question. Ce n'est pas en décidant qu'un homme qui offre ses services, quelle que soit leur nature, sera tenu envers celui qui les emploie par un louage et non par un mandat que nous nuirons aux idées universellement admises, qui placent les œuvres dans lesquelles l'esprit a la part prépondérante au-dessus de celles où le travail physique et manuel occupe le premier rang.

Il est un autre point important sur lequel il faut nécessairement insister : c'est que la caractéristique du mandat est la représentation du mandant par le mandataire.

Nous devons examiner deux questions. D'abord pour qu'il y ait mandat faut-il qu'il y ait représentation d'une partie par l'autre ? Ensuite : le notaire représente-t-il ses clients et peut-il de ce fait recevoir la qualification de mandataire ?

D'abord est-il bien certain que d'après les

textes la représentation soit un élément essentiel du mandat moderne ? Oui ; et sur ce point il y a eu innovation de la part du code qui s'est écarté radicalement de la notion ancienne. Il faut savoir, quand c'est nécessaire, laisser de côté et la tradition et le droit romain [1]. Ici ceux qui veulent à toutes forces s'y confiner ne pourront pas apercevoir la vraie notion du mandat français.

Consultons les textes ; prenons l'article 1984 du code civil. Il n'est pas, il faut en convenir, d'une rédaction parfaite, mais c'est une mauvaise défaite que de prétendre comme le fait Troplong, qu'il contient des expressions équivoques et douteuses. « Le mandat ou procura-« tion dit cet article, est un acte par lequel une « personne donne à une autre, le pouvoir de « faire quelque chose pour cette personne et « en son nom ». Cet article renferme imparfaitement exprimée la définition non du mandat, mais de l'offre de mandat. On y donne à tort comme synonymes les mots mandat et procuration ; ce dernier seul eut dû être employé. Cette remarque faite nous pouvons, de la façon suivante, dégager de cet article l'idée du législateur, sans changer le sens de la définition ni

(1) Laurent, tome 27, n° 335. — Paul Pont, *Petits Contrats*, tome I, n° 825, page 414.

(2) Voyez dans ce sens Mourlon, *Répétitions écrites sur le code civil, tome 3, n° 1094.*

le caractère du contrat : « La procuration est
« un acte par lequel une personne offre à une
« autre de s'engager à faire quelque chose pour
« le mandant et en son nom ». Il ressort donc
exactement de ces expressions que le mandataire agit au nom du mandant, et qu'il le représente.

D'ailleurs si l'on doute de la valeur et de la
portée des expressions de l'article 1984, nous
pouvons invoquer l'article 1990. Il « porte que
« des incapables, les femmes mariées et les
« mineurs émancipés peuvent être choisis pour
« mandataire. Voilà une anomalie inexplicable
« si le mandataire n'est pas le représentant du
« mandant, car la loi dérogeait sans raison à
« une règle fondamentale de notre droit... La
« disposition s'explique au contraire parfaite-
« ment dans le système de la représentation.
« Qu'importe l'incapacité du mandataire ce n'est
« pas lui qui agit c'est le mandant [1]. »

Voyons maintenant si le notaire représente
ses clients. Certainement non. De quelle mission est donc chargé le notaire ? C'est un fonctionnaire chargé de passer, au moyen des
déclarations des parties, des actes auxquels il
donne la force authentique et qu'il s'efforce
d'entourer de toutes les garanties d'une bonne

(1) Laurent, tome 27, page 377.

rédaction. Ils rendent et (disons le mot), ils louent aux parties le service d'écrire leurs conventions, leurs accords, auxquels ils impriment le caractère d'authenticité ; exactement comme les receveurs de l'enregistrement donnent date certaine aux actes sous-seings privés. Et qui a jamais songé à faire, de ces derniers, des mandataires ?

Zachariæ est de cet avis [2] : « Le caractère « distinctif qui sépare le mandat du louage, dit-« il, ne consiste ni dans l'absence d'un prix « ou salaire, ni dans la nature purement intel-« lectuelle du service à rendre, ni de l'affaire « à accomplir, mais dans le pouvoir donné au « mandataire de représenter le mandant dans « les actes juridiques, de l'obliger envers le « tiers et d'obliger les tiers envers lui. Or, dans « les conventions expresses ou tacites qui inter-« viennent entre un notaire et les personnes « qui ont recours à lui pour des actes de son « ministère, on ne trouve aucune trace d'un « pareil pouvoir. »

Ce n'est pas le notaire qui comparaît, mais, comme le révèle le style même de ses actes, ce sont les parties dont il relate les dires et déclarations, en observant les indications qu'elles lui fournissent. Jamais le notaire, en tant que

(2) Zachariæ, *Cours de Droit Civil — Du Louage*, tome III.

notaire n'agit au nom de son client, qui comparait lui-même, parce que sa présence est indispensable. L'acte exprime en termes on ne peut plus clairs que ce sont les parties qui parlent ; le notaire est là seulement pour affirmer que ce qu'il a transcrit est bien réellement expression de leurs intentions et de leur volonté. Il n'y a donc pas de mandat parce qu'il n'y a pas de représentation. [1]

Faut-il penser comme plusieurs auteurs qu'il n'y a pas davantage un louage de service, mais contrat innommé, parce que les productions de l'intelligence « ne peuvent être la matière d'un « contrat de louage. [2] » Nous ne trouvons aucun inconvénient à admettre qu'il y a ici louage de service ; nous ne voyons pas pourquoi (nous l'avons d'ailleurs déclaré déjà), au point de vue du droit, les services émanés de l'intelligence ne pourraient pas faire comme les ouvrages manuels l'objet d'un louage.

Il est vrai que le notaire est souvent chargé par ses clients d'une foule de missions qui rentrent dans les attributions du mandataire. C'est peut-être cette idée qui l'a fait toujours et dans tous les cas considérer comme tel par

(1) Guillouard, *Traité du Contrat de Louage*, tome II, p. 218.
    Aubry et Rau IV, p. 512 et 344.
    Paul Pont, *petits Contrats*, tome I, p. 414 et 417.

(2) Guillouard, Aubry et Rau, *loco citato,* même sens Paul Pont, p. 415.

certains auteurs. Il s'occupe d'administrer leurs biens, de les faire fructifier, de placer des fonds et d'être dans ces multiples opérations l'intermédiaire entre ces personnes et des tiers. Nous ne voulons pas nier que les notaires ne jouent pas souvent, vis-à-vis des personnes qui ont recours à leur ministère, le rôle de mandataires. Mais alors ce n'est pas comme notaires qu'ils agissent, mais comme mandataires ordinaires et en vertu d'une convention spéciale. La mission dont ils sont alors chargés par leurs clients pourrait être accomplie par une autre personne qui n'aurait pas, comme le notaire, le pouvoir, le monopole conféré par l'Etat, d'attacher l'authenticité aux actes qu'il rédige.

Il est bien évident, et nous ne faisons aucune difficulté pour l'admettre, qu'un notaire chargé d'un placement de valeurs par un de ses clients et qui n'aura pas pris les précautions nécessaires pour mener à bien cette opération délicate, qui n'aura pas pris les renseignements et ne se sera pas entouré des garanties nécessaires, sera tenu envers son client par les liens du mandat et soumis aux responsabilités qu'il entraîne. Il en est de même pour toutes les opérations dont les notaires ont l'habitude de se charger, bien qu'elles ne rentrent pas directement dans l'exercice de leur ministère, et qui viennent compléter et parfaire les actes qu'ils ont rédigés, telles sont par exemple les formalités de la transcription, remplies à la suite d'un acte de vente, ou les formalités multiples de publicité que nécessite la formation d'un acte de société. La jurisprudence n'hésite pas non plus à reconnaître dans ces divers cas l'existence d'un mandat. Mais elle a le tort de généraliser cette pensée et de décerner au notaire, dans toutes les hypothèses, et d'une façon invariable, la qualité de mandataire.

Elle l'a fait de tout temps. Mais dans l'arrêt précité de 1812 [1], elle se contente d'une simple affirmation, énergique sans doute, mais dénuée de toute argumentation et de toute preuve. La question avait été posée devant elle d'une façon très catégorique. Il fallait répondre dans un sens ou dans un autre. La Cour de cassation a penché du côté du mandat plutôt que du côté du louage. Mais elle ne donne aucune raison, aucune explication de la détermination à laquelle elle a été poussée.

Quant à l'arrêt rendu le 1er Décembre 1891 [2] malgré la généralité de ses termes, il faut remarquer qu'il s'applique à un cas spécial et qu'il est relatif à un compte particulier d'administration et de gérance entre client et notaire ; la somme dont il s'agit n'est pas réclamée

---

[1] Sirey, 1812, I, p. 198 ; *Cassat.* 27 Janvier 1812.
[2] Sirey, 1893, I, p. 497 ; *Cassat.* 1er Décembre 1891.

comme remunération des fonctions propres et spéciales du notaire, mais plutôt pour ces actes étrangers à sa fonction, dont nous venons de parler et qui rentrent dans la catégorie des opérations effectuées par le mandataire. Il s'agissait en effet d'un compte de 5,000 francs, à raison de 500 francs par an pour frais de gestion et administration pendant dix ans des affaires des ayants-compte.

On a donc tort de ne pas distinguer les deux personnalités distinctes qui apparaissent chez le notaire : d'une part le fonctionnaire public, de l'autre le mandataire, l'administrateur, et de confondre l'une avec l'autre deux situations absolument différentes.

Il semble pourtant qu'en examinant certains considérants cette distinction puisse se découvrir. Il est dit dans un arrêt que si un notaire prête *en dehors de son ministère* le secours de ses lumières, il pourra demander *comme mandataire* une remunération ; il en résulterait donc, à bien peser les termes employés que, par contre, le notaire, *dans l'exercice de son ministère, n'est plus un mandataire,* qu'il ne le devient que dans certains cas où il n'agit plus spécialement et expressément comme notaire. « At-« tendu, dit l'arrêt, qu'aucune loi n'interdit au « notaire de prêter aux parties qui le récla-« ment le concours de ses soins et de ses

« lumières pour des actes étrangers à ses fonc-
« tions ; qu'il devient, *dans ce cas,* un manda-
« taire ou un *negotiorum gestor*, etc...[1] »

La rédaction d'actes authentiques étant la vraie et la seule mission du notaire, il ne faut pas la confondre et la mêler avec les multiples opérations dont il peut être chargé en dehors de cette mission. Tout ce que l'on peut dire c'est que la loi ne lui défend pas d'effectuer ces opérations, pas plus, d'ailleurs, qu'elle ne le défend à une personne quelconque, l'agent d'affaire, par exemple, qui nous apparaît le plus souvent comme un mandataire. Donc le notaire peut être et il est même souvent mandataire. Mais ce que nous voulons préciser, c'est qu'il n'est pas mandataire en sa qualité de notaire. Il importe qu'il n'y ait pas de confusion à cet égard ; et c'est peut-être à ce faux point de vue que ce sont placés les auteurs dont nous combattons les doctrines.

Ils ajoutent que les relations entre notaires et clients sont resserrées par ces liens de la confiance et de l'amitié qui unissent toujours le mandataire au mandant. Mais cette confiance et cette amitié ne peuvent-elles pas exister à l'égard d'un homme dont on loue les services, surtout si ces services sont d'une grande im-

(1) *Dalloz*, 1875, I, 260.
    Cassat. 6 Août 1873.

portance ? D'ailleurs elles se comprennent très bien comme présidant aux rapports de mandants à mandataires qui existent souvent, nous venons de le voir, mais accessoirement entre notaires et clients.

Finissons par une remarque qui a été négligée par tous les auteurs, mais qui n'en mérite pas moins, croyons-nous, d'être prise en considération. Le mandat — et ceci s'explique précisément par les sentiments de confiance et d'amitié qui doivent accompagner sa formation — le mandat prend fin par la mort de l'une des parties. Or, si un notaire chargé d'établir un acte pour le compte d'une personne vient à mourir avant d'avoir rempli sa tâche, son successeur le remplacera ou ce sera le collègue provisoirement détenteur des minutes. Le contrat qui liait le défunt à l'autre personne ne sera pas éteint, ce n'est donc pas un mandat. Cette constatation était nécessaire avant d'aborder l'étude des honoraires qu'elle peut éclairer d'un jour spécial. Elle nous permettra de tirer de cette étude d'importantes déductions.

CHAPITRE II

ÉTUDE DE LA LÉGISLATION

L'analyse du lien existant entre le notaire et son client et de sa nature, nous indique quelle en est la conséquence au point de vue des honoraires. Si l'on admet la théorie du mandat, l'honoraire n'aura d'existence légale qu'autant qu'une convention spéciale la lui aura donnée ; si on se rallie au louage d'ouvrage, l'honoraire devient une dette, découlant directement et naturellement de la formation du contrat.

A considérer cette dernière conception comme la seule exacte, la convention qui est à la base peut-elle être absolument libre et n'est-il pas nécessaire, dans l'intérêt des parties, d'en limiter les exagérations possibles par une tarification ? L'examen législatif qui va suivre montre que cette idée a pris naissance de bonne heure pour quelques actes, mais qu'elle n'a reçu que très tard une application générale.

Il est indispensable, toutefois, avant d'entamer

cette étude, d'éviter une équivoque et de bien préciser le sens que nous entendons attacher au mot : « honoraires. »

Nous entendons par *honoraires* la remunération des services rendus par le notaire en tant que notaire. Nous avons conservé ce mot parce qu'il est ainsi employé dans le langage courant. Mais il eut été plus juridique de dire : *salaires.* La loi du 24 Décembre 1897, que nous étudions plus loin, emploie le mot *frais ;* ce mot est là détourné de sa signification ordinaire, car il désigne généralement le montant des sommes dont un officier ministériel a dû faire l'avance ou a dépensé pour remplir des formalités légales ; on dit par exemple : les frais de timbre et d'enregistrement. Tandis que l'honoraire est le payement du travail fourni par le notaire dans l'exercice de ses fonctions. Lors des travaux préparatoires de la loi de 1897, la commission du Sénat avait proposé et le Sénat avait accepté de mettre les mots : *frais* et *honoraires.* Mais la Chambre a voulu le texte actuel dont M. Bertrand justifie les expressions dans son rapport du 4 Juin 1896. Dans l'idée du rapporteur comme dans celle de la Chambre, le mot frais a une signification plus étendue que celle qui lui est habituellement donnée ; il s'applique aux « déboursés et aux émoluments soumis au « tarif. » De ce rapport il parait résulter qu'aux

yeux de M. Bertrand l'honoraire est ce que l'on
doit à l'officier ministériel uniquement pour
des opérations non prévues par le tarif, c'est-
à-dire étrangères à son ministère. Les défini-
tions sont libres, il suffit de bien les préciser.

Depuis l'an XI, époque à laquelle a paru la
loi organique du notariat, la législation relative
aux honoraires a subi, principalement dans ces
dernières années, d'importantes modifications.
Le système qui paraissait être le plus simple,
mais qui ne l'était en réalité qu'au point
de vue théorique, fut adopté par la loi du
25 Ventose an XI, article 51 : la convention
des parties devait fixer les honoraires. Mais
comme correctif à la sécheresse de cette règle
insuffisante et comme remède aux discussions
qui devaient surgir dans le cas où les parties
ne pourraient pas arriver à s'entendre, dans
une matière aussi délicate, l'article 51 disposait
que s'ils ne pouvaient l'être à l'amiable, les
honoraires seraient réglés « par le tribunal civil
« de la résidence du notaire sur l'avis de la
« Chambre et sur simples mémoires et sans
« frais. » Les honoraires pouvaient donc se
diviser, à cette époque, en honoraires conventionnels et honoraires taxés. Mais, il faut le
remarquer, la taxe n'avait lieu que si la convention n'avait pas abouti et dans ce cas là
seulement. Une fois le règlement amiable accepté

et accompli, tout était fini ; cette règle découle des termes mêmes de l'article 51 : « Les hono- « raires et vacations des notaires seront réglés « à l'amiable entre eux et les parties, sinon par « le Tribunal civil de la résidence du notaire. »

L'article 172 du décret du 16 Février 18J7 retira au Tribunal le droit de taxer pour le donner uniquement à son président ; mais il omettait de dire si ce dernier devait, comme le faisait auparavant le Tribunal, (article 51 de la loi de Ventose), prendre avis de la Chambre de discipline. Ce silence laissait place à l'une des trois solutions suivantes : 1º le Président statue toujours sans l'avis de la Chambre de discipline ; 2º le président peut, s'il le véut, statuer en prenant l'avis de la Chambre ; 3º l'avis de la Chambre n'est nécessaire que quand il y a procés et non pas seulement taxation, c'est-à-dire quand le Tribunal tout entier doit juger ; on se trouve alors dans l'hypothèse prévue par la loi de Ventose dont les dispositions, dans ce sens spécial, subsistaient.

La question ne fut pas résolue, au dire de plusieurs, par l'apparition de l'ordonnance du 4 Janvier 1843, qui délimite dans son article 2, 4º, les attributions de la Chambre de discipline relativement à la fixation des honoraires. La Chambre, y est-il dit, devra donner « son avis « sur les difficultés concernant le règlement

« des honoraires et vacations des notaires, ainsi
« que sur tous les différends soumis à cet égard
« au Tribunal civil. »

Dans ces derniers temps le législateur consi
déra le droit à la taxe, non pas tant comme
un mode de fixation de l'honoraire que comme
un moyen pour le client de faire opérer une
vérification de son compte et de s'assurer qu'il
n'a pas été victime d'une perception exagérée.

Il semble qu'on ait aperçu bientôt les difficultés pratiques résultant de la fixation conventionnelle des honoraires. C'est ainsi qu'un tarif
fut tout d'abord établi pour les actes auxquels
il était le plus facilement applicable.

En parlant d'honoraires et de vacations, la
loi ne faisait aucune distinction et les soumet-
tant à la même règle. Mais elle établissait là
une classification encore embryonnaire et qui
devait se développer plus tard. Cette classification avait trait à la na'ure même des services
rendus et des travaux fournis par les notaires.
Parmi ces services et ces travaux, il en est
qui, par leur caractère de matérialité, se montrent d'une façon plus tangible et permettent
par conséquent d'établir une évaluation plus
rigoureuse, plus mathématique et plus proportionnelle à la peine qu'ils ont coûté.

Il est permis alors de calculer cette peine par
le temps employé, c'est-à-dire par vacations.

Ce sont les compulsoires, les transports devant le juge, les actes respectueux, les inventaires, les procès-verbaux. Ils ont été notés et soumis à un tarif, et aussi selon l'opinion de beaucoup d'auteurs et de la jurisprudence [1], à la taxe, par le décret du 16 Février 1807, qui a « force de loi comme tous les décrets impériaux « promulgués et exécutés avant 1814 », ayant été « rendu par le pouvoir exécutif, comme « règlement d'administration publique en vertu « de la délégation expresse du Corps Législatif, « contenue dans le code de procédure dont il « était le complément. » [2]

Le tarif fut encore établi pour les frais de voyage (article 170) et s'étendit aux ventes d'immeubles (article 172).

De l'article 168 du décret, combiné avec les articles 1 et 2 du troisième décret de 1807 et les décrets postérieurs du 12 Juin 1856 et du 30 Avril et 13 Décembre 1862, ressort pour les vacations une division des notaires en quatre classes ; la première comprenant les notaires de Paris, Bordeaux, Lyon, Rouen, Toulouse, Marseille, Lille et Nantes ; la deuxième comprenant les notaires habitant une ville où siège une Cour d'Appel ou dont la population excède 30.000 habitants ; la troisième, les notaires rési-

(1) Dalloz 77, I, p. 222. *Cassat.*, 12 Avril 1875.
(2) Dalloz 77, I, p. 222. *Cassat.*, 12 Avril 1875.

dant dans une ville où siège un Tribunal de première instance ; la quatrième, comprenant tous les autres notaires. Cette division, qui n'est plus en vigueur aujourd'hui, montre d'abord que les tarifs créés par le législateur, avant les tarifs actuels, étaient uniformes, s'étendaient indistinctement à tout le territoire, mais que le chiffre différait suivant qu'il s'agissait d'un notaire appartenant à telle ou telle classe. De ces deux idées la dernière seule a été conservée par les auteurs du tarif aujourd'hui en vigueur. Mais ils ont trouvé qu'il était préférable d'établir un tarif par Cour d'Appel, qu'un tarif uniforme.

Plusieurs dispositions législatives suivirent le décret de 1807, mais elles furent d'une moindre importance quant à la question qui nous occupe.

Le décret du 18 Juin 1811 établit encore un tarif pour les vacations nécessitées par la remise au greffe ou devant le juge d'instruction par les notaires de pièces arguées de faux ou de pièces de comparaison.

La loi du 5 Août 1881 réglemente l'action en recouvrement des notaires et le droit pour les parties de demander la taxe. Cette loi importante venait consacrer une théorie de la jurisprudence sur l'application qu'il convenait de faire du décret de 1807. Elle fut abrogée plus tard par une loi qui conserva d'ailleurs quelques-unes de ses dispositions. — Plusieurs lois s'occupent de questions de détail relatives aux tarifs légaux existant alors. [1]

Enfin, la loi du 20 Juin 1896 pose le principe de la nécessité d'établir par des décrets une tarification sinon uniforme, du moins générale, des actes notariés. Cette loi est la reproduction à peu près textuelle d'un article 7 ajouté par le gouvernement à un projet de loi déposé sur le bureau de la Chambre des députés par MM. Royer et Bertrand, le 31 Mai 1892 ; ce projet était destiné, dans l'esprit de ses auteurs, à fournir le moyen de répondre à certains desiderata de la loi du 5 Août 1881. C'était un complément et, on le croyait, un perfectionnement de celle-ci. Mais on avait eu le tort de n'y envisager dans les six premiers articles que les droits des notaires, pour les augmenter et raffermir plus qu'ils ne l'étaient déjà.

Ainsi on y décidait que la signification de l'ordonnance de taxe par laquelle le président du tribunal fixait le montant des honoraires dus au notaire par le client ferait courir les intérêts. En outre le projet tranchait dans le sens de l'affirmative, la question de savoir, si l'exécutoire, titre délivré au notaire, par les soins du greffier, à la suite de la taxe, emportait hypothè-

---

(1) Notamment les lois du 23 .Octobre 1884 et 28 Juillet 1886.

que judiciaire. Comme compensation l'article 7 décidait qu'un tarif légal serait établi pour la protection des clients contre les abus possibles ; et comme on proposait de faire disparaître cet article, plusieurs s'y opposèrent, notamment M. Labiche, sénateur, qui se déclara partisan convaincu du tarif qu'il considérait comme absolument nécessaire surtout en regard des avantages qu'on se proposait d'accorder aux notaires. Il y voyait une bonne réforme « en faveur du public, c'est-à-dire, en faveur le « plus souvent des incapables, des faibles, des « ignorants... » principale « mission du législa- « teur [1] ».

Cependant tous n'étaient pas de cet avis et un projet de loi proposé le 18 Janvier 1894 par M. Antonin Dubost, garde des sceaux, « auto- « risant le gouvernement à fixer par un ou « plusieurs règlements d'administration publique « les honoraires dus aux notaires pour les actes « de leur ministère » fut tout d'abord combattu. Il finit par être admis malgré de sérieuses objections fondées sur la préférence à accorder à une entente amiable entre notaires et clients à une perturbation dans la valeur des offices et sur l'opposition de nombreux tribunaux. Enfin la loi de 1896 consacre le principe du

(1) *Journal Officiel* du 13 Mars 1894 (débats parlementaires du Sénat, page 229).

tarif qui fut dressé en détail par un décret du 25 Août 1898.

Le projet de MM. Royer et Bertrand qui avait ainsi commencé par donner naissance au tarif fut repris dans la suite par le gouvernement et devint la loi du 27 Décembre 1897 qui, tout en abrogeant la loi de 1831 en gardait cependant quelques dispositions. Elle touchait le but que la loi de 1831 avait entrevu sans avoir pu l'atteindre ; elle créait pour le recouvrement des officiers ministériels une procédure spéciale. En attachant aux décisions du juge taxateur des effets importants sur lesquels la loi précédente était muette — ce qui en rendait l'existence douteuse — elle substituait à l'ancienne procédure, une autre moins onéreuse et plus simple quoique tout aussi avantageuse. Et elle écartait définitivement pour les recouvrements des notaires avoués et huissiers la procédure de droit commun.

——

CHAPITRE III

DES HONORAIRES EN GÉNÉRAL.- CLASSIFICATIONS

Bien que la législation de 1893 ait totalement modifié le caractère des honoraires, il ne sera ni sans intérêt ni sans utilité de les étudier tels qu'ils étaient avant cette époque. Cette étude, tout en faisant ressortir plus clairement le changement opéré, nous permettra d'en juger par comparaison les effets. Il ne faut pas oublier non plus qu'elle n'est pas purement un examen rétrospectif d'un état de choses, qui a cessé d'exister, car l'ancien calcul des honoraires restera encore quelque temps en vigueur d'abord pour permettre la liquidation des droits acquis avant l'application du décret de 1898 et ensuite pour s'appliquer aux actes, qui, n'ayant pas été visés spécialement par ce décret, et ne pouvant trouver place dans l'énumération qu'il opère, resteraient, de ce fait, soumis à l'ancienne législation.

En se basant sur les dispositions législatives

dont nous avons vu plus haut l'exposé on peut établir plusieurs classifications d'honoraires.

Au point de vue de la nature de l'acte ils se divisent en honoraires fixes et honoraires proportionnels. L'honoraire fixe s'applique aux actes qui n'ont pas pour objet une translation de sommes ou valeurs et qui, de ce fait, n'entraînent pour les notaires, d'autre responsabilité que la garde de la minute ; leur rédaction est généralement dépourvue de grosses difficultés. Mais fixe ne signifie pas invariable et l'importance du chiffre n'est pas toujours la même. L'honoraire fixe est celui qui pour telle catégorie d'énonciations, de dires et de déclarations reste toujours le même. Mais l'honoraire de tel acte contenant une certaine déclaration ne sera pas le même que celui de tel autre acte renfermant une déclaration d'une importance différente. Suivant les déclarations l'acte et conséquemment l'honoraire changeront d'importance. Il faut avoir aussi en vue les conséquences plus ou moins utiles de l'acte, sa fréquence, ou sa rareté.

A tous ces points de vue il est évident qu'il y a une distinction entre une procuration chargeant un tiers de vendre un terrain, une maison ou un titre de rente et une reconnaissance d'enfant naturel ou un consentement à un mariage. Ces trois actes seront tous soumis au droit fixe mais ce droit ne sera pas le même pour la procuration ou pour le consentement à mariage. Un même acte soumis à l'honoraire fixe peut même suivant les cas varier d'importance et présenter dans telle circonstance des difficultés qui n'existeront pas dans telle autre. Un des actes qui présentent le plus de variations à cet égard est la procuration.

« L'usage, dit Amiaud, a consacré l'application
« d'honoraires fixes, soit invariables, soit va
« riant entre un minimum et un maximum,
« soit gradués d'après l'importance de certains
« actes... Nous admettons le droit fixe gradué
« et le droit fixe invariable plus ou moins éle
« vé suivant les actes auxquels il s'applique,
« mais nous n'admettons pas le droit fixe
« avec minimum et maximum qui n'est qu'une
« règle arbitraire [1] ».

L'honoraire fixe est encore perçu pour les vacations. On désigne par cette expression le temps employé par l'officier ministériel à la rédaction de certains actes que l'on appelle « procès-verbaux » et qui sont passés dans une forme spéciale. Les inventaires, par exemple, sont des

____

(1) Amiaud, *Traité formulaire du notariat ;* tome II, page 263 et *Tarif général,* pages 9, 13 et s.

procès-verbaux, et ils sont rétribués par vacations.

Quelques auteurs mettent à part dans cette classification les vacations pour les distinguer des honoraires tarifés et des honoraires proportionnels. Mais il n'y a aucune utilité ni aucune raison d'établir cette séparation ; il n'y a, entre les honoraires rédigés par vacations et les actes soumis à l'honoraire fixe, une simple différence de mot résultant d'une différence de forme. Les vacations ont été, depuis 1807, tarifées par la loi.

L'honoraire proportionnel indemnise le notaire des travaux auxquels il se livre pour la rédaction de ces actes compliqués et difficiles, renfermant soit une mutation, soit un partage, soit une libération de sommes ou de valeurs mobilières ou immobilières et qui sont susceptibles d'entraîner pour lui une responsabilité plus ou moins lourde.

Les parties se reposant sur le notaire pour la rédaction claire, complète et régulière de ces actes, il est juste que le notaire puisse trouver dans l'honoraire qu'il demande une légère compensation pour le cas où la responsabilité qu'il a assumée serait mise en jeu.

Cette responsabilité est lourde. Elle résulte pour l'officier ministériel des fonctions difficiles et délicates dans l'exercice desquelles il s'efforce d'établir le plus clairement possible comme on l'a dit justement, par une rédaction correcte et précise, conforme aux lois et à la justice les droits et les devoirs des parties contractantes, afin d'éviter par ses soins un défaut d'entente qui amènerait par la suite des discussions et des procès. Il y a là pour le notaire une mission plus noble encore que celle du juge auquel il se trouve pourtant soumis par la taxe de ses honoraires ; car si le juge tranche les procès, ce qui est bien, le notaire s'efforce de les écarter et de les prévenir, ce qui est mieux.

Le principe de l'honoraire proportionnel a commencé à être mis en application dans la pratique avant d'avoir été écrit dans la loi. « S'il n'a pas été consacré par l'article 173 du « décret du 10 Février 1807 on peut dire en « réalité qu'il s'y trouve virtuellement énoncé. « Dire en effet d'un acte qu'il sera taxé par le « président du tribunal suivant sa nature n'est- « ce pas établir une sorte de droit proportion- « nel [1] ». D'ailleurs cette consécration formelle existe dans le décret sous l'article 172 relatif aux ventes d'immeubles, dans les cas où les tribunaux les renvoient pardevant les notaires. « C'est aussi le système adopté par les lois

---

[1] Legrand, *Des Honoraires des Notaires*, page 61.

« organiques de l'enregistrement et, pour tout
« dire en un mot, le législateur a donné de
« notre temps au droit proportionnel une nou-
« velle et définitive consécration en l'écrivant
« expressément dans les tarifs du 10 Octobre
« 1841, 20 Juin 1843 et 8 Novembre 1851 [1] ». Il
existe aussi dans le décret de 1898.

D'ailleurs, il est certain que l'importance d'un
acte résulte de la nature de celui-ci, mais croît
avec les sommes et les valeurs qui font l'objet
des conventions qu'il renferme. Avec cette importance augmente la responsabilité dont nous
parlions plus haut, et parconséquent aussi,
quoi qu'on en ait dit, le soin attaché à la rédaction. Si donc la peine est proportionnelle à
l'importance des sommes, la rémunération de
la peine doit l'être également.

La valeur mentionnée dans l'acte, la nature
de la convention, la responsabilité qu'elle peut
entraîner pour le notaire, les soins que celui-ci
a dû apporter à sa rédaction, tels sont les différents éléments dont la combinaison difficile
et délicate, mais nécessaire, sert à fixer le
montant de l'honoraire. On ne peut évidemment
traiter une quittance comme une vente, ni au
point de vue de la nature des conventions, ni,
en général, au point de vue des soins à appor-

(1) Legrand, *Des Honoraires des Notaires*, page 61.

ter à leur rédaction, bien qu'elles puissent être mises sur le même pied au point de vue de la responsabilité encourue par le notaire.

On ne néglige donc aucun des éléments distinctifs et caractéristiques des contrats. La Cour de Limoges, dans son projet de tarif, proposé à la suite d'une enquête sur l'utilité du tarif légal avait le tort, comme disait M. Amiaud [1], de ne diviser les actes que suivant la nature de leurs conventions, et créait cinq catégories distinctes : les transmissions à titre gratuit, les aliénations immobilières, les aliénations mobilières, les obligations et les actes de libération,

Mais un notaire peut se trouver en face d'une aliénation immobilière très simple et beaucoup moins importante qu'une aliénation mobilière très complexe et très importante.

La fixation de l'honoraire proportionnel est donc fort délicate, et il ne faut pas s'étonner si de grandes divergences existaient à cet égard dans les tarifs locaux adoptés par les Chambres de discipline. Les difficultés augmentent encore lorsque font défaut les bases d'évaluation. Cette hypothèse ne se présente pas dans le cas de vente de meubles ou d'immeubles, le prix constitue ici une indication précise. Il en est de même pour une donation

---

(1) Amiaud, *Traité formulaire du Notariat,* p. 265.

d'une somme d'argent ou pour une quittance.
Mais dans le cas de donation d'immeubles, la
question change et l'évaluation fait défaut. Fau-
drait-il s'en rapporter à l'estimation faite par le
notaire lui-même ? Il n'a guère qualité pour
cela, il peut être taxé de partialité et tenté
d'exagérer cette estimation. Faut-il suivre l'estimation faite dans l'acte pour les droits d'enregistrement ? M. Amiaud [1] considère cette solution comme injuste, car elle fait alors du notaire
un auxiliaire du Trésor, de plus elle est erro-
née car l'Administration de l'Enregistrement
établit la valeur des immeubles en multipliant
le revenu par un chiffre qui est toujours le
même et ne correspond pas quelquefois à la
réalité. « Nous proposons donc, ajoute-t-il, de
« prendre pour base le chiffre de revenu expri-
« mé dans les actes, mais en multipliant ce
« revenu par un taux variant selon le cours
« de la valeur des immeubles et que le prix
« des ventes fait bien connaitre dans chaque
« contrée. » Ajoutons que souvent le notaire
pourra se renseigner sur la valeur exacte de
l'immeuble en consultant l'origine de propriété,
surtout si le donateur n'en est pas propriétaire
depuis très longtemps. Une estimation par ex-
perts est aussi un moyen coûteux, il est vrai,
mais sûr.

(1) Amiaud, *Traité formulaire*, p. 272.

Un autre point offre aussi matière à discussion. C'est la question de la décroissance et de la non décroissance de la proportionnalité. On se demande si cette proportionnalité doit toujours rester la même, quel que soit le montant de la somme qui lui sert de base, ou au contraire, si elle doit diminuer au fur et à mesure que cette somme acquiert une plus grande importance.

Théoriquement, puisque la proportionnalité croit avec les valeurs relatées dans les actes, il semble qu'il n'y ait pas de raisons pour admettre la non-décroissance. D'un autre côté ce serait, dit-on, faire une faveur et une concession à la clientèle riche au détriment de la clientèle modeste, qui payerait toujours et invariablement au même taux, alors qu'en faveur de l'autre il y aurait des adoucissements pour un chiffre qui, proportion gardée, l'entraînerait à une dépense équivalente. Une obligation de 10.000 francs et une obligation de 50.000 francs peuvent constituer chacune, pour deux personnes ayant une situation de fortune différente, un fardeau de poids égal, et pourtant celle qui aura contracté l'obligation de 50.000 francs payera moins, toutes proportions gardées, que l'autre, si on lui applique le système de la décroissance. Aussi, certains pensent qu'il n'a

sa raison « d'être que dans les affaires judiciai-
« res déjà si lourdement grevées de frais. » [1]

Mais bien plus nombreux sont les partisans de la décroissance de l'honoraire proportionnel qui a toujours été admis dans la pratique. Elle a d'ailleurs été sanctionnée par les tarifs spéciaux et actuellement par le tarif général. C'est le cas d'appliquer ici l'adage : « *Summum jus,* « *summa injuria.* » La loi strictement appliquée est une suprême injustice, et ce n'est pas au prix d'une injustice que l'on doit créer une faveur pour qui que ce soit. L'application du principe de la décroissance présente de sérieuses difficultés, surtout pour l'application d'un tarif général, mais elles ne sont pas totalement insurmontables, et lorsqu'à propos de ce tarif les tribunaux furent consultés par le Conseil d'Etat, presque toutes les Cours d'appel se prononcèrent dans le sens favorable à la décroissance. La Cour d'Amiens disait qu'elle n'admettait qu'à ce prix l'honoraire proportionnel. « Si « le décroissement n'existait pas, disait la Cour « de Bourges, on arriverait à des sommes exorbi- « tantes et à des perceptions absurdes. » Ces raisons ont bien leur valeur.

On peut, en se plaçant au point de vue du mode légal, de leur fixation établir une autre

____

(1) Legrand, *des Honoraires des Notaires,* p. 61.

classification des honoraires et honoraires conventionnels, tarifés et taxés.

La convention des parties était la méthode la plus simple et celle à laquelle il était naturel qu'on pensat tout d'abord. Le notaire et le client sont liés l'un à l'autre par un contrat, quoi de plus naturel qu'ils en fixent eux-mêmes les effets et qu'ils établissent par un accord commun leurs droits et leurs devoirs respectifs. D'ailleurs, en cas de désaccord, l'article 51 de la loi de Ventôse établissait la taxe par le tribunal.

Toutefois, si l'on songe que les notaires sont des fonctionnaires investis par l'Etat de pouvoirs déterminés et chargés d'une mission qu'eux seuls peuvent remplir, d'un ministère auquel la loi oblige les parties à avoir recours dans certaines circonstances, on comprend qu'il soit bon d'établir par avance dans un tarif leurs droits pour sauvegarder en même temps ceux des parties et éviter ainsi des abus regrettables.

Enfin, la taxe opérée par le Tribunal ou par l'un de ses membres est utile parce qu'elle sert de moyen de contrôle.

Ces différents modes ne sont pas exclusifs les uns des autres, et ils ont même, depuis l'an XI, été combinés par notre législation.

Jusqu'en 1807 on a appliqué, en France, le

système de la convention avec taxe en cas de désaccord. De 1807 jusqu'en 1841, époque à laquelle la jurisprudence a changé l'interprétation qu'elle avait d'abord donnée du décret du 16 Février, le système de la convention et du tarif furent tous deux en vigueur, mais la taxe n'était admise que pour les honoraires conventionnels et seulement en cas de désaccord. A partir de 1841 la taxe étant déclarée d'ordre public par la Jurisprudence [1] pouvait être demandée aussi bien pour les honoraires tarifés que pour les honoraires conventionnels, même après payement de ces derniers.

Bien que ce revirement de la jurisprudence put être critiqué au point de vue de l'application stricte et rationnelle de la loi, il n'en a pas moins été consacré, comme nous le verrons, par la loi elle même.

[1] *Cassat.*, 1er Décembre 1841. Dalloz 1842, I, 17.

CHAPITRE IV

DU TARIF LÉGAL GÉNÉRAL

Dans la législation actuelle, il n'y a plus que des honoraires tarifés; il nous semble, par suite, nécessaire d'examiner d'abord, au point de vue théorique et rationnel, la justification de cette tarification légale.

La question est d'ailleurs très vieille : elle est même antérieure à la loi de l'an XI ; elle fut en effet agitée en l'an VIII par le Conseil des Cinq Cents. Le législateur de l'an XI ne l'a pas envisagé favorablement, mais elle se présenta de nouveau devant les Chambres en 1829. A cette époque une proposition de loi favorable au tarif, émanée de l'initiative de M. Chevrier de Courcelles fut présentée par lui à la Chambre des députés. Les idées qu'elle renfermait rencontrèrent, au cours de la séance du 24 Avril, un éloquent adversaire dans la personne de M. Dupin. Par son discours, où il faisait un beau tableau des fonctions délicates du notaire, il mit fin pour de nombreuses années à la discussion et se montra adversaire résolu d'une tarification générale.

Cependant les notaires eux-mêmes la désiraient et plusieurs signèrent des pétitions dans ce sens.

Ce fut à la suite de ces pétitions que la Chambre des députés fut à nouveau amenée le 21 Novembre 1831 à étudier le problème, dont elle donna une solution identique à celle de 1829, en adoptant l'opinion de M. Martin, rapporteur.

Cependant le désir manifesté par certains notaires ne faisait que s'accroître à partir de 1841. Vers cette époque en effet la Cour de cassation [1] rendait cet important arrêt par lequel elle confirmait l'application que le tribunal de Joigny avait faite du décret du 16 Février 1807 relatif à la taxe. En décidant qu'elle était d'ordre public et par conséquent qu'elle était possible même après accord intervenu pour la fixation des honoraires conventionnels, la Cour mettait les notaires et leurs héritiers dans une situation très fâcheuse et même périlleuse.

Ces officiers publics allèrent même jusqu'à prétendre, et peut-être non sans raison, qu'une telle doctrine non-seulement leur causait un

(1) 1er Décembre 1841 (Dalloz 1842, I, p. 17).

préjudice matériel, mais encore portait atteinte à leur dignité en mettant indirectement en doute leur loyauté.

Les pétitions augmentent ; la Chambre des Pairs consacre à la question la séance du 4 Juin 1814. M. Martin qui, en 1846, était garde des Sceaux, se vit remettre une pétition que la Chambre avait reçue le 24 Juin de la même année et à laquelle avaient adhéré un nombre considérable d'officiers ministériels. Les réclamations furent très vives en 1851 ; elles aboutirent toutes d'ailleurs à un même résultat négatif. Deux députés, M. Chouzie d'abord et après lui M. Rouher, proposèrent la nomination d'une commission chargée d'étudier la question ; l'avis de ce dernier seul fut pris en considération, et le 30 Juin de la même année le Conseil d'Etat fut saisi de la question par l'Assemblée Législative ; il fit alors faire une enquête et consulta la Cour de cassation et les Cours d'appel. [1] Ces efforts n'aboutirent pas, tant avait été rudes les coups portés par les ennemis du tarif légal et peut-être aussi parce qu'on espérait que la Cour de cassation aurait occasion de revenir sur la décision qu'elle avait émise autrefois.

Mais la loi du 5 Août 1881, et plus tard la

(1) Dalloz, *Répertoire de Législation, v°* notaires, n° 485.

loi du 27 Décembre 1897 qui la remplaça, jugeant cette décision conforme aux principes, la consacra définitivement, et en même temps elle apportait un léger remède aux conséquences fâcheuses que, vu l'état antérieur de la législation, elle avait entraînées ; en effet, comme on le verra plus loin, elle limite à un certain délai la demande en taxe. Aussi le tarif légal vit-il s'augmenter le nombre de ses partisans, il fut enfin établi en principe en 1896 et rendu applicable en 1898.

A un point de vue général est il bon d'avoir pour les notaires une tarification légale ?

Les ennemis du tarif sont nombreux ; ils font valoir leur théorie par l'exposé de considérations très sérieuses auxquelles sont venues s'ajouter l'éloquence et une valeur personnelle incontestée.

Le tarif est mauvais, dit-on, dans son principe même, il est contraire à cette règle de droit que la convention est la loi des parties. Entre le notaire et son client, nous trouvons un lien de droit, un contrat qui forme un créancier et un débiteur, ce sont eux qui doivent fixer pour eux seuls l'étendue de leurs droits et de leurs obligations et qui doivent faire correspondre le prix à la peine dépensée et au service rendu. C'est par un accord commun qu'ils arriveront à fixer le plus justement ce que l'un doit à l'autre. Et dès l'instant où cette convention n'aura pas été entachée par l'un des vices capitaux ou accessoires qui la rendent soit nulle ou inexistante, soit simplement annulable, quelle raison y aurait il de prétendre que ces deux personnes ne sont pas valablement liées ? On craint que le notaire n'use directement ou indirectement de son influence pour attenter à la liberté de contracter de son client ? Mais d'abord c'est mal juger de l'honnêteté et de la droiture dont, en général, il fait preuve dans l'exercice d'une profession d'ailleurs très respectée.

Ensuite à supposer que cette pensée méprisable puisse se faire jour dans son esprit, il la rejettera, soit parce qu'il se trouvera dans le cas très-fréquent où les particuliers ont recours à son ministère, non parce que la loi les y contraint, mais pour donner à leurs actes une meilleure rédaction ou se mettre à l'abri de conséquences fâcheuses que pourrait entraîner une irrégularité, soit parce qu'il sait bien qu'il n'est pas seul et qu'un confrère moins exigeant prêtera, à des conditions moins onéreuses, le secours de son ministère.

A supposer ensuite, ce qui n'est pas un idéal facile à réaliser, que le tarif puisse être établi de façon à constituer un équivalent précis au travail du notaire et une rémunération suffisante, il y a peut-être lieu de craindre que malgré cette garantie on ne multiplie d'une façon exagérée dans une même affaire, les actes et les rôles pour augmenter le profit. Rien n'est plus simple pour un notaire chargé de régler les droits des héritiers que de rédiger au lieu d'un pouvoir sous seings privés, une procuration authentique chargeant le mandataire de faire au bureau de l'Enregistrement la déclaration de succession ; ou d'augmenter dans une vente les indications souvent fastidieuses d'une origine de propriété remontant à plus d'un demi-siècle. Ce sera contraire et à l'intérêt du client et à la bonne rédaction des actes, car dans la prose notariale, trop archaïque encore, se glisseront des inutilités et des longueurs. « Prenons garde, pour un tarif, disait M. Sédillez au Conseil des Anciens, d'obscurcir les actes et d'enfanter un verbiage inutile. »

On fait en outre observer que tout tarif quel qu'il soit sera nécessairement mauvais et défectueux. Car sans parler des complications et du travail fastidieux qu'entraîne la classification des actes notariés les plus fréquents, il faut leur accoler une étiquette. Sur quoi se baser pour y inscrire un prix ? Sur leur fréquence ou leur rareté ? Sur la valeur des études ? Sur la densité de la population ? Sur leur caractère juridique ? Ce sont là des éléments divers qu'il a fallu combiner, car il serait arbitraire de n'en choisir que quelques-uns et de rejeter les autres.

Ces objections frappent surtout les auteurs qui voyaient un mandataire dans la personne du notaire, et elles ont à leurs yeux une force très grande. Il ne faut pas songer à renfermer dans des limites étroites et immuables des opérations qui, par leur nature, rentrent dans l'exercice de professions libérales. On l'a fait pour les avoués mais ici il y a une raison spéciale : on ne voulait pas augmenter les frais de justice déjà trop élevés, et d'ailleurs les actes d'avoués permettent une évaluation uniforme de même que certains actes de notaires, par exemple ceux qui sont rétribués par vacations. Ils ont été tarifés en 1807 ; là doit se borner la réforme.

Pour terminer la série de ces objections, nous ne pouvons mieux faire que de citer le célèbre discours de M. Dupin prononcé en 1829 : « Etablir un tarif légal ce serait à mer-
« veille, si tous les actes des notaires, avaient
« ce caractère d'uniformité que suppose l'appli-
« cation d'un tarif. Sans doute il y a des actes
« dont la valeur peut être ainsi appréciée, par
« exemple les vacations de telle et telle durée
« pour établir un inventaire, un procès-verbal,
« aller au greffe ou en référé, ou pour un

« transport à la distance d'une certaine quantité
« de kilomètres, le nombre de rôles compris
« dans les expéditions. Ainsi existe-t-il pour
« ces objets un tarif établi par le décret de
« 1807. Mais les autres actes des notaires, ceux
« qui ont pour objet d'attester les conventions
« des parties, qui varient au gré de leurs ca-
« prices, de leurs besoins et de leurs spécula-
« tions ne sont pas susceptibles d'un tarif
« uniforme. Quelle base prendrez-vous pour les
« évaluer ? L'importance des sommes ? Mais
« l'acte de prêt de un million n'est pas plus
« long ni plus difficile à faire que l'acte cons-
« tatant un prêt de mille écus. Pour les ventes
« l'impossibilité d'arriver à une taxe unique est
« encore plus évidente. Si deux paysans vien-
« nent chez un notaire, lui dire : Moi Paul j'ai
« vendu à Pierre un journal de terre moyennant
« 200 francs ; écrivez. Certes voilà un acte sim-
« ple qui sera bientôt dressé. Mais s'il s'agit
« d'un domaine ou d'une terre considérable,
« mais si le vendeur ou l'acheteur ne sont pas
« d'accord, s'il faut longuement discuter sur le
« prix, sur les termes, sur l'établissement de
« propriété, si l'acheteur soupçonnant que son
« vendeur a de mauvaises affaires, prie son
« notaire d'étudier minutieusement la position,
« de vérifier les titres, de voir s'il a bien ac-
« quis, bien payé, lui et ses auteurs en remon-

« tant à 3J ans. que! prix la loi assignera-t-elle
« d'avance à cette longue suite de travaux ? La
« même observation s'applique aux liquidations ;
« suivant qu'une succession sera faible ou con-
« sidérable, nette ou embrouillée, suivant qu'elle
« pourra finir en peu de jours ou durer plu-
« sieurs années. Que dirai-je des transactions ?
« de ces actes qui sont le triomphe du notaire,
« et dans lequel les hommes qui exercent
« cette profession se font tant d'honneur quand
« ils ont été, je ne dis pas seulement les ré-
« dacteurs du traité de paix, mais les négocia-
« teurs, les plénipotentiaires, les promoteurs
« de la conciliation, quand par leurs sages
« conseils, à force de soins, d'assiduité, de
« persévérance, ils sont parvenus à rapprocher
« les esprits, à réunir les volontés et qu'ils
« sont venus à bout de terminer un procès
« existant ou de prévenir un procès près
« d'éclater ? Faites donc descendre de pareils
« services au taux fixé d'avance par un tarif
« froidement calculé ! Avec un prix invariable
« pour telle ou telle nature d'acte, on ferait
« alternativement injustice au notaire ou à la
« partie, on risquerait perpétuellement de don-
« ner trop ou trop peu. Trop en prenant pour
« base un prix moyen qui se trouverait exa-
« géré pour les affaires minimes, et insuffisant
« quand on l'appliquerait à des intérêts consi-

« dérables et à des travaux de difficile appré
« ciation. Avec cette uniformité de salaire et
« de récompense, vous détruiriez toute émula-
« tion ; l'acte mal fait sera tout aussi bien
« payé que l'acte rédigé avec soin, le plus succint
« autant que l'acte le plus compliqué ; le no-
« taire inhabile et insouciant autant que l'hom-
« me soigneux et expérimenté. »

Ces raisons étaient sérieuses et avaient leur valeur. Elles ont eu une influence considérable qu'elles ont gardée pendant plus d'un demi-siècle. Mais elles ont fini par être renversées. Les circonstances s'y sont prêtées, il est vrai, car la situation des notaires fut profondément modifiée depuis et par la jurisprudence et par la loi. En l'absence d'un tarif général que se passait-il ? Quelques actes seulement étaient réglés par un tarif particulier et tout le monde était d'accord pour reconnaître qu'ils étaient parfaitement susceptibles de l'être ; à ce sujet donc, aucune difficulté possible. Mais pour les autres, les honoraires étaient fixés par la convention des parties ou par la taxe, à défaut de convention, ou même (la jurisprudence en décidait ainsi et la loi lui donna raison par la suite) si la convention était déjà intervenue et le payement effectué.

Plaçons-nous dans le cas d'un honoraire conventionnel. Peut-on penser que cet hono-

raire puisse être toujours et partout régulièrc-
ment fixé, qu'il corresponde exactement à ce
qu'en bonne justice le notaire est en droit
d'exiger ? qu'il ne soit pas trop onéreux pour
le client ? Peut-être ; mais il n'est pas certain
qu'il en soit ainsi dans tous les cas.

Ce n'est pas que nous considérions le travail
du notaire comme se dérobant par sa nature
à toute évaluation exacte. Non. Ce travail
constitue un service, d'un caractère plus noble,
c'est incontestable, qu'un service matériel, mais
sa noblesse ne l'empêche pas de se soumettre
â la loi de l'offre et de la demande.

Ce qui l'empêcherait plutôt de tomber sous
l'application de cette loi, c'est la situation dans
laquelle les parties se trouvent ici l'une vis-à-
vis de l'autre et qui ne leur permet peut-être
pas de contracter avec la liberté qui doit prési-
der aux conventions. On dit que le notaire
n'imposera pas des conditions trop onéreuses,
parce qu'il est, comme tous, soumis à la con-
currence. Cette idée paraît juste, appliquée aux
notaires de la ville, mais il n'en est pas de
même dans les campagnes, où le choix des
notaires n'est guère possible, est souvent très-
restreint.

Et puis est-il bien certain que, même pour
les notaires des grandes villes, on puisse être
aussi affirmatif ? Il leur est très facile de s'en-

tendre et de résister, car ils savent bien que leur clientèle est une clientèle forcée et nécessaire. Ils jouissent d'un monopole et certains actes n'ont de validité, aux yeux de la loi, qu'autant qu'ils sont passés dans la forme authentique. Tels sont les reconnaissances d'enfant naturel faites ailleurs que dans l'acte de naissance (article 334 du Code civil) et certains testaments ainsi que les actes par lesquels on les révoque (articles 971 et 1035 du Code civil), les inventaires (article 1456 § 2 du Code civil) et parmi les contrats, les donations et la procuration pour les faire accepter par mandataire (articles 911 et 933 du Code civil), l'acte de subrogation par convention entre le débiteur et un tiers (article 1250 2° du Code civil), les contrats de mariage et les actes par lesquels on modifie leur contenu (articles 1394, 1396 et 1.97 du Code civil), et enfin, l'hypothèque conventionnelle (article 2127 du Code civil). Pour tous ces actes le ministère du notaire est imposé. Ils sont peu nombreux, il est vrai, mais très importants et très fréquents pour la plupart. De plus, il en est une foule d'autres pour lesquels l'authenticité n'est pas requise légalement et qui cependant par leur importance, leur rédaction difficile et les formalités dont la loi accompagne leur formation exigent l'intervention du notaire comme garantie de leur perfection. C'est ainsi qu'il est rare de rencontrer une société importante ou une vente d'immeubles rédigée par acte sous seings privés. Le notaire est donc investi d'un véritable monopole pour tous les actes qui passent par ses mains : monopole de droit pour les actes qui n'ont d'existence légale que s'ils sont authentiques, monopole de fait pour les autres. Et il pouvait, dans cette situation, imposer à ses clients les conditions qu'il voulait dans le cas où l'honoraire était déterminé par la convention.

Si maintenant nous supposons que la taxe est demandée, nous nous trouvons dans une situation théoriquement plus anormale encore. Un magistrat qui n'a, en aucune façon, participé à la confection de l'acte, va de sa propre autorité, se substituer aux contractants et, après avoir pris connaissance d'une façon plus ou moins approfondie des différentes parties du travail, sans être obligé peut-être, de l'avis de plusieurs auteurs, de prendre en aucune façon conseil de la chambre de discipline, de son mode de calcul habituel, et le plus généralement suivi dans le pays où il exerce, et qu'il ne peut connaître qu'imparfaitement s'il est nouvellement installé, fixer d'une manière définitive et souveraine la somme à débourser.

Mais dira-t-on, si cette somme est inférieure à celle que demandait le notaire, de quoi le client se plaindrait-il ? Ce sera évidemment un avantage ; mais s'il est peu au courant de la procédure, n'aura-t-il pas l'idée intime d'avoir été trompé par son notaire, en sorte qu'il lui retirera dorénavant sa confiance ? En outre si la taxe peut être trés favorable, trop favorable même, au client, elle peut être tout-à-fait injuste pour le notaire dont il ne faut pas complètement délaisser les intérêts en raison des lourdes charges qu'il doit supporter.

Le tarif a le double avantage de faciliter et les pourparlers entre notaires et clients, d'augmenter la confiance de ceux-ci et de rendre plus sûr et plus aisé le travail du président appelé à taxer, besogne qui consistera en un simple contrôle du calcul du notaire. Ce contrôle d'ailleurs pourra préalablement être effectué par le client lui-même, car actuellement le notaire est obligé de mettre le tarif à sa disposition [1].

La taxe qui n'a pas pour point d'appui le tarif ne peut présenter aucune garantie de stabilité ni de fixité, les magistrats n'étant pas attachés au même poste bien longtemps, et étant exposés à changer souvent de résidence. Ajoutons qu'il n'est pas très conforme à la justice d'attribuer au président du tribunal, avec l'au-

[1] Décret du 25 Août 1898.

torité dont il est investi, une compétence qu'il
peut difficilement avoir, et une supériorité sur
le notaire qui, dans notre hypothèse, existe plutôt au profit de ce dernier ; car, ainsi que nous
le disions plus haut, si le magistrat juge les
procès le notaire les évite. — C'est bien là en
effet la véritable mission du notaire et pour la
remplir il doit, tout en mettant à profit la
connaissance qu'il doit avoir du droit, chercher
le plus de clarté et le plus de netteté possible
dans la rédaction de ses actes. Il doit le faire
et pour la sécurité de ses clients et pour sa
sauvegarde personnelle ; car sa responsabilité
peut être mise en jeu. Croire les notaires uniquement préoccupés d'augmenter les rôles de
leurs actes serait méconnaître leur honorabilité.
Et d'ailleurs la taxe est là pour réprimer les
abus.

Les partisans de la tarification générale ne
sont pas absolument convaincus que l'application de leur idée fera désormais cesser toutes
les imperfections résultant de l'état de choses
préexistant. Aucun système n'est parfait. L'établissement lui-même du tarif a présenté de
grosses difficultés malgré les lumières dont la
commission, chargée de ce travail, s'est éclai-
rée. Elle s'est bien rendu compte, de même
que le législateur de 1896, qu'il lui était impossible d'établir pour tous les actes et partout

une rémunération équitable et absolument juste.
C'est là un résultat qu'il est impossible d'atteindre législativement et toute loi sur n'importe quelle matière ayant un caractère de généralité aura les défauts inhérents à sa nature même. Mais l'existence de ces défauts est tolérable car elle est compensée par la cessation des abus.
« Les règles posées par le législateur sont éta-
« blies en vue du *plerumque fit* dans l'intérêt
« général et elles lèsent parfois des intérêts
« particuliers, et produisent des résultats bizar-
« res, choquants. Tous ceux qui ont rempli la
« délicate mission de rendre la justice se sont
« trouvés forcément quelquefois dans la dure
« nécessité, pour appliquer la loi, de prononcer
« des sentences qui leur paraissaient contrai-
« res à l'équité. Un exemple entre mille : la
« preuve littérale est seule admise, lorsqu'il
« s'agit d'une somme supérieure à 150 francs,
« quand même le tribunal à la suite des dé-
« bats aurait acquis la conviction que le défen-
« deur est sans aucun doute débiteur d'une
« somme supérieure à 150 francs ; il serait obli-
« de repousser l'action si le demandeur trop
« confiant avait omis de se procurer un écrit.
« Personne cependant n'oserait soutenir qu'il
« faut laisser au juge un pouvoir discrétion-
« naire et lui permettre de prendre dans tous
« les cas une décision en s'inspirant de l'équi-

« té et en ne consultant que sa conscience [1] ».

Il n'est peut-être pas très exact de prétendre avec M. Dupin que l'importance du travail fourni pour la rédaction d'un acte ne correspond pas à l'importance des valeurs, objet du contrat. On applique toujours des soins plus minutieux à un acte où se trouvent de gros intérêts.

L'innovation a-t-elle donc été si grande? Il y a d'autres officiers ministériels que les notaires dont les honoraires sont soumis à un tarif : les huissiers et les avoués. Personne ne pense qu'on ait eu le tort de le faire ; on estime même qu'on a rendu là un service aux plaideurs accablés par les frais de justice. Faut-il considérer avec moins d'intérêt les personnes qui ne sont pas en procès et qui ont simplement l'intention de contracter des engagements les unes envers les autres ? Ce qui est bon quand il s'agit des avoués ne saurait être mauveis quand il s'agit des notaires.

D'autant que ces derniers eux-mêmes demandaient depuis longtemps cette réforme. Ils considéraient, avec quelque raison, que le fait d'exercer le droit à la taxe plusieurs années après qu'une convention était intervenue sur le prix à percevoir constituait, de la part de

(1) *Pandectes françaises*, 98, III, p. 124 et la note.

leurs clients, une sorte d'aveu tacite d'un manque de confiance et était en outre susceptible de causer de grandes perturbations. Aussi les Chambres de discipline avaient-elles créé d'elles-mêmes un tarif particulier auquel les notaires s'engageaient à se soumettre. Il ne lui manquait que la sanction légale pour le rendre obligatoire. M. Antonin Dubost disait d'ailleurs, dans un rapport relatif au projet de loi ayant pour objet de compléter la loi du 5 Août 1881, qu'à la suite de deux enquêtes faites par l'administration, l'une en 1852, l'autre en 1832, la Cour de cassation et les Cours d'appel consultées ont reconnu que la fixation légale des honoraires des notaires était imposée par des considérations d'un ordre élevé, qu'elle répondait à un intérêt sérieux et public qu'elle assurait en même temps que la sécurité des citoyens la considération et la moralité du notariat.

Ajoutons que le tarif de 1898 a rajeuni celui de 1807 qui présentait, notamment pour les frais de voyages, des dispositions ne cadrant plus avec les habitudes de la vie moderne. Enfin il permettra par la suite au gouvernement de fixer une évaluation moins approximative et plus exacte de la valeur des études. Ce sont là des considérations d'ordre inférieur, mais qui montrent que, lorsqu'une réforme est bonne, elle produit de bons effets, même dans les questions de détail.

Le tarif actuel n'est pas uniforme pour toute la France, mais spécial à chaque Cour d'appel, conformément au vœu émis par M. Léonce de Sal, rapporteur au Sénat. Plusieurs auteurs s'accordent à trouver cette idée excellente et conforme à la diversité de coutumes qui règne encore actuellement. Dans les contrats de mariage principalement, les conventions matrimoniales varient sensiblement d'une contrée à l'autre. Il y en a où le régime généralement adopté est le régime dotal ; tandis que d'autres se conforment plutôt aux règles du régime de communauté. Dans certains pays les dispositions admises dans un contrat de vente ou dans une adjudication ne sont pas les mêmes que dans d'autres. Il en est où les achats se font au comptant ; il en est d'autres où ils se font le plus souvent à terme. Ici c'est à l'acheteur qu'incombe la charge des frais, là c'est au vendeur. Il y a enfin des différences très sensibles prenant leur source dans les mœurs et le caractère des habitants, le genre de travail ou d'industrie auquel ils se livrent, la nature du sol où ils naissent et qu'il faut respecter parce qu'elles ont leur raison d'être. Le bail à cheptel, le métayage, par exemple, sont plutôt usités dans les contrées du centre, tandis qu'ils sont très rares dans les régions du Nord.

Si on ne peut nier ces différences, il ne faut pas non plus y attacher une importance exagérée. L'expérience montre d'ailleurs qu'elles tendent chaque jour à s'affaiblir et à s'effacer davantage, et qu'on arrivera, ce qui est désirable, à une unification complète. Quand le premier tarif notarial a été mis en vigueur en 1807, il a été uniformément applicable à tout le pays. Il en a été de même pour la loi fiscale, qui établissait les droits d'enregistrement, et pourtant à l'époque où elle a paru l'unification ne tendait pas à se faire d'une manière aussi complète qu'aujourd'hui, où les facilités de communication sont incomparablement plus grandes. Or, la matière de la perception des droits d'enregistrement touche de très près au calcul des honoraires. Ils marchent parallèlement. D'ailleurs la divergeance n'existe, à proprement parler, que pour la matière des contrats de mariage. Les dispositions des autres conventions ne varient guère d'une contrée à l'autre, et beaucoup pensent qu'il n'y aurait eu aucun inconvénient à faire un tarif uniforme.

DEUXIÈME PARTIE

DES

DIFFICULTÉS AUXQUELLES PEUT DONNER LIEU

LE RÈGLEMENT DES HONORAIRES

===

CHAPITRE PREMIER

DE LA TAXE

===

La loi voulant créer une garantie tant au profit des personnes qui ont recours au ministère des notaires qu'au profit des notaires eux-mêmes, a organisé la taxe, qui permet au Président du Tribunal de première instance, dans le ressort duquel est située l'étude, de décider si les tarifs ont bien été appliqués, ou de réduire, dans le cas contraire, la somme exigée par ces officiers ministériels. Si on ne peut que louer le législateur de protéger l'exercice des droits qu'il donne aux citoyens et si l'on doit considérer la taxe comme excellente en son principe, il faut plutôt souhaiter qu'elle reste à l'état de remède préventif contre des usurpations possibles que chercher à ce qu'elle reçoive une application fréquente et usuelle, car son usage répété prouverait qu'il existe des sentiments de défiance déplorables entre personnes appelées, au contraire, à avoir les unes dans les autres une mutuelle confiance.

La dernière loi relative à la taxe date du 24 Décembre 1897. Bien que le tarif, admis en principe, ne fut pas encore applicable à cette époque aux notaires, elle renferme des dispositions communes à ceux-ci et aux avoués et huissiers soumis au tarif depuis longtemps.

Elle permet de demander la taxe deux ans après un règlement de compte ou un payement volontairement effectué par le client. Il y a là une exception aux principes admis en matière d'obligation et qui s'explique historiquement.

La loi de Ventose organisait la taxe par le Tribunal civil, mais ne l'admettait qu'à défaut d'entente entre les parties. Le décret de 1807, après avoir tarifé quelques actes, laissait entendre au milieu du vague de ses expressions qu'ils étaient également soumis à la taxe sans

indiquer par qui elle serait faite, puis il ajoutait dans son article 173 : « tous les autres
« actes du ministère des notaires... seront taxés
« par le président... » Comme il laissait, quant
au reste, subsister la règle de l'article 51 de la
loi de Ventose relative à la fixation conventionnelle des honoraires; on en concluait : 1° que
les pouvoirs du président du tribunal à cet
égard découlaient d'une règle générale et que
lui seul était chargé de la taxe tant des honoraires conventionnels que des honoraires tarifés (sauf une controverse aujourd'hui tranchée
sur la question de savoir si les honoraires des
liquidations et partages judiciaires ne devaient
pas plutôt être fixés par le jugement d'homologation du Tribunal par suite de l'analogie
qu'ils présentaient avec les dépens dont parlait
le 2° décret de 1807) ; 2° que la taxe pouvait
intervenir pour les honoraires tarifés tant que
le payement n'avait pas été effectué, et pour
les honoraires conventionnels tant qu'il ne
s'était produit une entente, soit expresse, soit
tacite, cette dernière decelée en particulier par
un paiement.

Telle était l'opinion générale, et voici ce que
disait une circulaire du garde des sceaux du
14 Septembre 1828, au procureur général de la
Cour de Bourges, demandant si les allocations
accordées volontairement par les parties aux

officiers publics chargés de ventes d'immeubles devaient faire l'objet d'un examen : « Malgré le « motif louable qui vous a fait prendre cette « détermination, je ne puis donner mon assen-. « timent à l'autorisation que vous avez accordée « à votre substitut » ; les conventions particu-. lières « n'ont pas besoin d'être autorisées « lorsqu'elles ont été librement consenties entre « personnes capables de disposer de leurs « droits et qu'elles ne sont contraires ni à « l'ordre public, ni aux bonnes mœurs. » [1]

Cette interprétation très rationnelle fut celle de la Cour de Cassation jusqu'en 1841 ; à cette époque elle changea brusquement d'opinion en se prononçant sur un jugement du tribunal de Joigny du 27 Mai 1837, qui permettait de recourir à la taxe même après entente sur le chiffre à payer et même, c'était le cas, après payement effectué. Le tribunal considérait la taxe comme une disposition d'ordre public aux conséquences de laquelle on ne pouvait se soustraire par une convention, qu'elle ait ou non été suivie d'un payement « qui ne peut « jamais être considéré que comme provisoire « et n'emporte pas renonciation du droit de « recourir à la taxe. » Le jugement ajoutait que « si sous l'empire de la loi de Ventose,

(1) Dalloz 1882, IV, 39 et la note.

en cas de règlement entre le notaire et les
parties, celles-ci étaient non recevables à réclamer l'intervention des tribunaux, et il n'en peut
être de même depuis la promulgation du décret
de 1807 ; en effet, la loi de Ventose n'avait
soumis à aucun tarif, à aucune règle légale les
actes des notaires,... elle s'était bornée, en
cas de contestation, à tracer un mode spécial
et plus simple devant les tribunaux.... Mais
cet état de choses a été changé par l'intervention du décret de 1807 ; par ce décret le législateur, après avoir établi complètement le droit
civil par la promulgation du code civil et du
code de procédure, a voulu régler aussi les
droits et honoraires des officiers ministériels...
et a proclamé pour tous la nécessité d'une
fixation légale et l'obligation de s'y soumettre ;
en présence de cette disposition générale et
absolue le règlement aimable entre les officiers
et les parties n'a été qu'une exception volon-
taire de la part de celles-ci .. S'il est de principe que lorsque les citoyens contractent librement entre eux et sous la seule loi de la con-
currence, qui détermine le taux des services
et des salaires, les conventions doivent tenir
lieu de loi à ceux qui les ont faites, le législateur en instituant des officiers privilégiés,
auxquels il accorde le monopole de certains
actes a dù, en même temps, protéger les par-

ticuliers contre les suites de la dépendance où ils les mettaient à leur égard et dès lors placer comme une juste compensation la nécessité de la taxe à côté de celle de leur ministère. »

La Cour de cassation, après un long délibéré et malgré l'opposition de M. l'avocat général Laplagne-Barris, adopta et confirma la décision en se basant surtout sur le caractère d'ordre public présenté par la taxe. Plusieurs autres arrêts furent rendus dans le même sens notamment le 2 Janvier 1872 et le 12 Avril 1875 [1] d'où il ressortait que le règlement amiable et même le payement des honoraires n'empêchait pas de demander et d'obtenir la taxe.

On peut jusqu'à un certain point trouver la jurisprudence excusable d'avoir établi un pareil système, car le décret de 1807, sur lequel elle se basait, n'était pas d'une rédaction parfaite. Toutefois, ce qui est certain, c'est qu'il n'abrogeait pas l'article 51 de la loi de Ventose. D'un autre côté il établissait la taxe d'une manière générale ; on en avait d'abord conclu, et avec raison, que les honoraires conventionnels restaient la règle. A part la double innovation consistant dans l'établissement d'un tarif partiel et les fonctions attribuées au président du

____

(1) Sirey, 1872, I, p. 57, et Dalloz, 1877, I, p. 222.

tribunal en matière de taxe, rien n'avait été changé à la loi de Ventose. Donc, à côté de la tarification, à côté de la convention, il y avait la taxe que les parties pouvaient choisir, soit comme moyen de contrôle si elles trouvaient le tarif mal appliqué, soit comme moyen de sauvegarde si elles trouvaient les prétentions des notaires exagérées et inacceptables : mais le fait pour les parties de se soumettre à des prétentions devait impliquer renonciation à la taxe.

Le client avant le moment où il s'agissait de payer l'officier ministériel était donc soumis à une obligation alternative, il devait soit accepter la note établie par le notaire suivant le tarif ou suivant son estimation propre, soit demander la taxe. Dès l'instant où son choix avait porté sur l'une de ces deux solutions, l'autre devenait inutile. Au lieu de continuer à admettre cette solution la jurisprudence plaça les parties dans une situation exceptionnelle et tout-à-fait fausse ; car elle leur permet une fois le choix fait de l'un des deux moyens, qui leur sont offerts, de revenir sur leur décision.

On dit que la taxe est d'ordre public ; mais il faut s'entendre sur la portée de ces mots ; car il est un autre principe non moins certain, c'est que les conventions font la loi des parties. Pour que ces deux principes ne se gênent, ni ne se choquent, il faut bien que l'un cède le pas à l'autre. Or la taxe a été établie subsidiairement à la convention et au cas où celle-ci ne pourrait s'accomplir ; du moment qu'elle existe la taxe n'est plus possible. On dit encore que le consentement des parties ne peut être donné en pleine liberté. La loi a peut être eu tort, dans ces conditions, de le maintenir, mais elle l'a maintenu ; et alors il fallait décider qu'on devait en faire constater la nullité préalablement à la demande en taxe ; si on voulait que celle-ci fut encore applicable.

La pratique a d'ailleurs montré tout ce que le raisonnement de la jurisprudence avait de défectueux et de dangereux. En permettant la taxe même après payement on ne pouvait pas assigner d'autres limites à l'exercice de ce droit que la prescription trentenaire, aucune autre prescription n'existait dans la loi et cela se comprend car le législateur n'avait pas prévu cette interprétation défectueuse de sa pensée. Cet état de choses était susceptible d'amener un trouble profond a la suite de réclamations tardives, car « le temps apporte vite des modi-« fications profondes dans l'état et la condition « des personnes et trop souvent après un cer-« tain nombre d'années ce sont les héritiers « du notaire et ceux des parties qui sont en

« présence [1] ». C'est une des raisons qui a fait, comme nous l'avons dit, réclamer par les notaires l'établissement d'un tarif légal. C'est aussi la cause qui a hâté l'apparition de la loi du 24 Décembre 1897 dans laquelle le législateur a montré qu'il partageait la manière de voir de la cour de cassation.

Avant d'étudier et la taxe et l'action en restitution des clients, ou en recouvrement des notaires, nous faisons encore remarquer que la loi de 1897 ne parle que de « frais » et n'emploie pas comme les lois précédentes le mot « honoraires ». Elle a trait comme l'indique son titre : « au recouvrement des frais dus « aux notaires, avoués, huissiers ». Dans son article 2 elle dit : « Les demandes en taxe et « les actions en restitution de *frais* dus aux « notaires... pour les actes de leur ministère « se prescrivent, etc... » Nous avons déjà indiqué plus haut que la définition du mot « frais », tel que l'entend le législateur, se concilie avec la définition que nous avons adoptée du mot « honoraires ». Des travaux préparatoires, il résulte que l'expression de la loi s'applique à tout ce qui est dû au notaire en vertu d'un tarif par conséquent aux dépenses nécessitées par les formalités légales, aussi bien qu'aux

(1) Discours de M. Ninard au Sénat, *Journal Officiel* du 29 Juin 1881 ; débats parlementaires du Sénat, page 976.

honoraires tels que nous les concevons. Il est regrettable que ce sens n'ait pas été précisé dans le texte lui-même. Il faut convenir en outre que notre loi est venue un peu tôt pour les notaires puisque le tarif ne leur fut appliqué qu'à la fin de 1898. Remarquons enfin que l'article 1 emploie l'expression : « sommes dues « aux notaires pour les actes de leur ministè- « re ». Elle nous paraît mieux choisie, mais elle ne concorde gnère avec celle de l'article 2.

CHAPITRE II

DE L'ACTION DU CLIENT CONTRE LE NOTAIRE

SECTION PREMIÈRE

Parties en cause

Le préliminaire obligatoire de l'action en restitution, c'est-à-dire de l'action donnée au client contre son notaire est la demande en taxe ; car l'action en restitution ne se concevra que si la taxe aboutit à un chiffre inférieur à celui que demandait le notaire [1] ».

La taxe peut être demandée, et, s'il y a lieu, l'action en restitution engagée, par le client, ses représentants, ou ses ayants-cause. Il ne s'agit bien entendu ici que du client qui a intérêt à la réduction des honoraires. Il ne sera

[1] Depuis 1897 le notaire doit aussi demander la taxe avant d'agir en recouvrement ; auparavant c'était facultatif pour lui (loi du 24 Décembre 1897 art. 3).

pas toujours très facile de voir quel il est. Ainsi, pour les adjudications d'immeubles, il faut d'abord se demander à la charge de qui sont les frais. S'ils sont à la charge du vendeur et qu'il y ait eu de la part du notaire une perception exagérée, l'excédent en revient au vendeur. Mais, si les frais sont à la charge de l'acquéreur, on fait une distinction. Deux hypothèses peuvent se présenter. Ou bien on convient, dans le cahier des charges que les honoraires seront compris dans le prix d'adjudication ; dans ce cas le vendeur seul aura le droit de demander la taxe et d'agir en restitution, lui seul y ayant intérêt : car si l'on reconnaît qu'il y a eu un excédent d'honoraires, on reconnaît par le fait même que le notaire a absorbé comme payement une trop grosse partie du prix d'adjudication, c'est-à-dire de la somme qui devait revenir au vendeur. Ou bien on convient que les honoraires seront calculés en dehors du prix d'adjudication ; alors ici l'acquéreur seul pourra demander la taxe, car reconnaître qu'il y a un excédent à restituer, c'est reconnaître qu'en plus du prix d'adjudication le notaire a demandé à l'acheteur une une somme trop élevée et le surplus revient donc à l'acquéreur [1].

(1) Cour de Bourges 8 Avril 1868. Dalloz 1871 V p. 212.

Toutefois il y a peut-être lieu de penser que cette distinction a une importance plus apparente que réelle. Que les frais et honoraires soient compris dans le prix d'adjudication ou qu'ils soient calculés en dehors, qu'importe, à l'adjudicataire ? Il tiendra toujours compte du montant de ces honoraires pour voir jusqu'à quelle somme il pourra porter des enchères. Tel amateur aurait peut-être dépassé la somme pour laquelle le bien a été adjugé si ces frais et honoraires n'avaient pas été aussi élevés. Si donc, par la suite, le juge les réduit l'excédent doit être, dans tous les cas. considéré comme faisant partie du prix et revenir au vendeur. Ce dernier profitant donc toujours de la taxe dans l'hypothèse dont nous nous occupons, pourrait seul la demander.

Ajoutons qu'il faut que la taxe soit demandée et que le président du tribunal ne pourrait la fixer de sa propre autorité même s'il en a l'occasion comme cela peut se présenter dans le cas où il homologue un partage judiciaire.

Quelques auteurs ont pensé autrement et invoquent l'article 981 du code de procédure. « D'après cet article le tribunal homologue le « partage *s'il y a lieu*. Ce *s'il y a lieu* donne « dit-on au juge un pouvoir d'investigation sur « toutes les sommes comprises dans la liqui- « dation. Cela est possible, mais ce droit d'in-

« vestigation ne saurait jamais s'exercer que
« dans la mesure et en raison du but à pour-
« suivre. Or ce but c'est le partage, c'est-à-dire
« le règlement des co-partageants entre eux
« mais non vis-à-vis des tiers [1] ». Dans ce
cas spécial, le juge-commissaire étant reconnu
plus apte que le président du tribunal est chargé de la taxe [2].

Aucune forme spéciale n'est requise. On peut
donc employer la requête. La partie qui sollicite
la taxe est libre d'appeler ou de ne pas appeler
l'autre partie en cause. Généralement le notaire
présente un mémoire sur lequel est relaté
l'état des frais qui lui sont dus. Le client devra adresser au président toutes les pièces
qu'il pourrait avoir et qui seraient de nature à
éclairer l'autorité. Seulement, dans le cas le
plus fréquent, où le payement n'aura pas été
effectué le notaire aura en mains toutes les
pièces. Le client l'appellera en cause et pourra
s'il refuse lui faire sommation par huissier.

Si dans une même affaire il y a plusieurs
clients la demande faite par l'un d'eux engage-
t-elle les autres ? Cette question doit être résolue par l'affirmative par tous ceux qui en font
des co-mandants et qui les regardent comme
tels liés par la solidarité, car les co-débiteurs

(1) Legrand, *Des Honoraires des Notaires,* page 37.
(2) Loi 24 Décembre 1897, a. 3 § 4.

solidaires doivent être aux termes de l'article
1216 du code civil considérés comme cautions
les uns des autres ; et si le payement opéré
par l'un des co-débiteurs libère les autres la
diminution de la dette opérée par l'un d'eux
existera aussi au profit des autres. Nous n'admettons pas que toutes les personnes ayant
concouru à un même acte soient tenues par un
lien solidaire, car nous ne les considérons pas
comme des co-mandants. Mais si la solidarité
légale fait défaut la solidarité conventionnelle
peut exister expressément. On peut convenir,
par exemple que dans un bail authentique les
preneurs s'ils sont plusieurs seront tenus solidairement au paiement des honoraires.

Admettons que cette convention spéciale ne
soit pas intervenue ; faut-il décider que la taxe
est indivisible, que la demande formée par un
des débiteurs lie aussi les autres, que le notaire pourra demander le payement à l'un quelconque d'entre eux ? La cour de cassation
l'admet parce que dit-elle dans son arrêt du 18
Juin 1894 [1] la taxe « porte sur l'acte entier et
elle est une et absolue ». Oui la taxe s'applique
à l'acte tout entier parce qu'il constitue un ensemble qu'il serait impossible et inadmissible
de fractionner en autant de parties qu'il y a de

(1) Sirey 1896, 1, p. 273 et la note.

débiteurs ; mais cela ne suffit pas pour déclarer indivisible l'obligation ou le droit de se soumettre à la taxe et d'en payer le montant. Pour savoir si une obligation est indivisible il faut se demander si en cas d'absence de convention spéciale son objet est indivisible, car ici il est tout-à-fait divisible puisque c'est une somme d'argent.

SECTION II

Autorité compétente

Le président du tribunal civil de première instance dans le ressort duquel exerce le notaire, ou en cas d'empêchement un juge commis par lui, est chargé d'établir la taxe, aux termes de l'article 173 du décret de 1807 et de l'article 3 § 2 de la loi de 1897 qui l'engagent à s'inspirer de la nature des actes et des difficultés qu'ils auront présentées. La taxe faite par le président d'un autre tribunal que celui dans le ressort duquel n'exercerait pas le notaire ne serait pas « régulièrement faite » disait autrefois la loi de 1881. Exceptionnellement « les frais » dus aux notaires comme aussi les honoraires, en cas de compte, liquidation et et partage seront taxés par le juge-commissaire aux termes de l'article 3 de la loi du 1897. Cette exception se conçoit puisque d'après l'article 981 du code de procédure, c'est le juge-commissaire qui fait le rapport à la suite duquel le tribunal homologue le partage. Quelques auteurs prétendaient que depuis 1807 ce droit devait être reconnu au juge-commissaire. Ils s'appuyaient et sur le motif rationnel qui vient d'être indiqué et sur un argument tiré du texte de l'article 171 du décret de 1807 d'après lequel c'était le « juge » qui devait dans le cas qui nous occupe « arbitrer le nombre de vacations ». Ils admettaient donc que sur ce point l'article 171 dérogeait à la règle générale de l'article 173.

La loi de Ventose dans son article 51 donnait ce pouvoir au tribunal tout entier, qui statuait après avoir pris avis de la chambre de discipline. Cette mission de la chambre a de nouveau été reconnue par l'ordonnance des 4-12 Janvier 1813, a. 2, 4°. Mais comme le décret de 1807 n'en parle pas, on se demande s'il y a pour le magistrat taxateur une obligation, de recourir aux lumières de la chambre, ou bien simplement une faculté.

Si on prétend comme l'a souvent fait la cour de cassation [1], que l'article 173 du décret de

____

[1] Notamment Sirey 1862, I, p. 954. *Cassat.* 29 Juillet 1862.

1807 a complètement abrogé l'article 51 de la loi
de Ventose, en ce qui concerne notre question,
il faut décider que le président du tribunal a,
seul, autorité pour taxer et que de plus, il peut
le faire sans prendre conseil de la chambre,
mais simplement comme le dit le décret
en étudiant par lui-même la nature des actes
et leur rédaction. Mais on a le tort de se
heurter, en raisonnant ainsi, à cette idée qu'il
semble bizarre de ne pas soumettre le président du tribunal dans la tâche qu'il est désormais le seul à remplir aux obligations auxquelles le tribunal tout entier était autrefois soumis. On investit un seul homme de l'autorité
autrefois accordée à plusieurs et on voudrait en
rendant ainsi l'exercice de cette autorité plus
difficile et plus périlleux, ne pas l'obliger à
s'entourer des mêmes garanties qu'autrefois.
La loi ne dit pas textuellement que l'avis de
la chambre ne soit pas nécessaire ; bien plus,
il semble que par l'ordonnance de 1843, elle le
considère comme une partie de la mission
confiée à cette chambre.

Faut-il faire une distinction suivant qu'il
s'agira simplement de l'établissement de la taxe, ou suivant qu'il s'agira entre le notaire et
son client d'un véritable procès par exemple
sur l'opportunité de certaines formalités auxquelles le notaire se serait soumis ? Dans le

premier cas, le président du tribunal serait
seul le juge dans le deuxième la contestation serait portée devant le tribunal tout entier, et
nous trouvant alors soumis à l'ancienne règle
de l'article 51 de la loi de Ventose applicable
encore à ce cas spécial et de l'ordonnance de
1843, il faudrait décider que la consultation de
la chambre de discipline deviendrait indispensable.

Ce système ne nous paraît pas tout-à-fait ad-
missible parce que l'article 2, 4° de l'ordonnance
de 1843 semble prévoir les deux hypothèses
dans lesquelles il nous place et décider que
dans l'une comme dans l'autre il faudra recourir aux conseils de la chambre de discipline.
Cet article dit en effet que les attributions de la
chambre sont notamment : « .... de donner son
« avis sur les difficultés concernant le règlement
« des honoraires et les vacations des notaires »
— voilà pour la taxe — « ainsi que sur tous
« différends soumis à cet égard au tribunal
« civil... » — voilà pour les procès.

En nous basant, d'une part, sur l'examen des
textes, celui de 1807 qui, en somme, n'abroge
pas entièrement les dispositions de l'article 51
de la loi de Ventose, et celui de 1843, qui
semble en parfaite concordance avec cette loi,
d'autre part sur ce raisonnement très juste
d'après lequel si la consultation de la Chambre

fut jugée nécessaire au Tribunal elle doit l'être *a fortiori* à un seul de ses membres fût-ce même son Président, nous sommes tentés de croire cette consultation nécessaire; mais nous reconnaissons volontiers que depuis la création du tarif légal, elle ne doit pas être de nature à fournir de grands enseignements au Président du Tribunal qui se contente de se conformer à ce tarif et peut y trouver toutes les indications nécessaires. Notons enfin que le juge taxateur doit s'entourer de tous les renseignements dont il a besoin; il peut, s'il le juge à propos, interroger les parties et les faire comparaître devant lui.

Quelle est l'autorité compétente pour juger l'action en restitution? La loi ne le dit pas. Mais la demande en taxe étant un préliminaire de cette action et devant être portée devant le Président du Tribunal civil de la résidence du notaire...[1] il paraît évident que ce Tribunal est compétent pour connaître de l'action en restitution. Cette opinion est d'ailleurs conforme aux règles générales en matière de compétence, auxquelles il est nécessaire de se reporter à défaut de texte spécial dans la législation nouvelle.

D'abord aux termes de l'article 59 1° du

[1] Sirey, 1865, I, p. 303. *Cassat.*, 19 Juin 1865.

code de procédure civile « en matière person-
« nelle, le défenseur sera assigné devant le
« tribunal de son domicile, s'il n'a pas de
« domicile, devant le tribunal de sa résidence. »
Donc le notaire défenseur, à l'action personnelle
en restitution intentée contre lui, devra être
jugé par le Tribunal de son domicile ou de sa
résidence en principe. Mais il y a plus. D'après
l'article 60 du même code, « les demandes for-
« mées par les officiers ministériels seront
« portées devant le Tribunal où les frais ont
« été faits. » Il a toujours été admis sans difficultés que ce texte était applicable aux notaires,
et il en résulte que, à leur égard comme vis-
à-vis de tous autres officiers ministériels, la
loi a voulu établir manifestement une compétence spéciale pour leurs frais, celle du Tribunal ou ceux-ci ont été faits, soit dans la grande
majorité des cas celle du Tribunal de leur
domicile car, le plus souvent, les notaires agissent sur place en leur étude, dans la ville où
ils exercent ou enfin dans leur arrondissement.
Ce qu'on accorde au notaire demandeur, on ne
peut le refuser au notaire défendeur, d'autant
plus qu'il doit, en cette dernière qualité, jouir
du bénéfice concédé à tout défendeur de n'être
poursuivable que devant les juges de son domicile.

SECTION III

Délai

Le délai pour demander la taxe et agir ensuite en restitution a été fixé à deux ans (article 2 de la loi de 1897). Cette disposition faisait cesser une situation embarrassante pour les notaires soumis autrefois aux réclamations de leurs clients trente ans après le payement des honoraires et constituait une réforme nécessaire et attendue depuis longtemps. La durée en est la même que celle accordée pour l'exercice de l'action des avoués et des huissiers, et bien qu'au sein de la Commission on ait demandé qu'elle fut de cinq ans, elle a paru d'une durée suffisante au législateur. Il est déjà très grave de permettre au débiteur de revenir sur un payement auquel il a librement et valablement consenti et qu'il a même effectué de son plein gré, on ne pouvait exiger qu'il put le faire pendant un laps de temps trop étendu. La jurisprudence lui a reconnu un droit qu'on peut considérer comme exagéré, la loi a sanctionné ce droit. Elle aurait pu, elle aurait dû, même, ne pas le faire, mais puisqu'elle l'a reconnu, on ne peut que la louer d'en avoir limité l'exercice.

M. Ninard faisait remarquer dans son rapport au Sénat que le projet de la loi de 1881 ajoutait à l'article 2 un paragraphe ainsi conçu : à défaut de justification de la date du payement ou du règlement, et s'il y a contestation à cet égard, la prescription du recours en taxe est acquise de plein droit sept ans après la date de l'acte. Ce délai de sept ans résultait de la réunion du délai de prescription de l'action en recouvrement des notaires (5 ans) et de l'action en demande de taxe des clients (2 ans). « Cette « addition a soulevé des discussions, des avis « divers ont été exprimés et les uns et les « autres proposaient une solution de nature à « la faire disparaître. Ces solutions différentes « se sont heurtées à des difficultés telles que « la Commission a cru devoir n'en accepter « aucune et supprimer tout. Pourquoi, en effet, « s'occuper d'une justification de la date du « payement ? La prescription court à partir de « cette date, voilà tout. Les parties intéressées « n'ont qu'à se procurer les moyens de donner « cette date et les preuves nécessaires pour « appuyer leurs dires. » On pourrait ajouter que c'était là une disposition inutile, et elle ne fut plus proposée par la suite quand il s'est agi d'élaborer la loi de 1897. En effet de deux choses l'une, ou les parties paient ou elles ne paient pas. Si elles paient elles ont deux ans pour réclamer la taxe. Si elles ne paient pas et qu'elles restent cinq ans sans le faire, elles sont libérées par la prescription de l'action en recouvrement du notaire.

Faut-il admettre que cette prescription est soumise aux règles ordinaires de la suspension et de l'interruption contenues dans les articles 2242 et suivants du code civil? M. Amiaud le pensait pour la loi de 1881. Il la différenciait de la prescription quinquennale de l'action en recouvrement des notaires que l'article 1 de la loi de 1897 soumet expressément aux dispositions spéciales édictées pour les petites prescriptions par l'article 2278. Et en effet, nous devons considérer la prescription biennale dont nous nous occupons comme étant un diminutif de la prescription trentenaire, mais qui a conservé, à part la durée, les mêmes caractères que celle-ci. On n'a fait que l'abréger pour des raisons d'ordre impérieux. D'autres auteurs y voient un délai de déchéance en raison de la situation spéciale et exceptionnelle créée au client qui forme une demande en taxe. Ils admettent donc que le délai n'est pas suspendu en faveur des mineurs et des interdits.

Il nous semble que la loi a voulu l'assimiler aux petites prescriptions. Elle l'a fait dans son article 1 pour la prescription quinquennale de l'action en recouvrement des notaires, puisque d'une part elle dit que les articles 2275 et 2278 du code civil sont applicables à cette prescription et que d'autre part elle ajoute: « elle cesse « de courir lorsqu'il y a eu compte arrêté, « reconnaissance, obligation, ou citation en « justice non périmée », ce qui est la reproduction à peu près complète de l'article 2274. Or, comme la prescription biennale de la demande en taxe et de l'action en restitution est le contre-pied de l'autre, elle doit avoir le même caractère, bien que la loi, dans l'article 2, ne le dise pas expressément.

Le point de départ est le jour « du payement « ou du règlement par compte arrêté, recon- « naissance ou obligation. » Nous pensons qu'il s'agit ici du règlement relatif aux actes concernant une même affaire et que la prescription ne serait pas suspendue par la continuation des services du notaire à l'égard du client pour des affaires différentes.

En raison de ce qui a été dit plus haut sur la divisibilité de la taxe, il faudrait décider que lorsqu'il y a plusieurs débiteurs d'honoraires dans la même affaire la demande formée par l'un d'eux n'interromprait pas la prescription de l'action à l'égard des autres.

Section IV

Objet

———

Actuellement les fonctions du juge taxateur sont moins compliquées qu'autrefois puisqu'il n'a plus qu'à examiner si le notaire a exactement suivi le tarif. Il n'a plus comme autrefois, et selon les injonctions du décret de 1807, à étudier de près la nature des actes et les difficultés auxquelles ils ont pu donner naissance. Lorsque les honoraires étaient conventionnels la demande en taxe avait pour résultat d'enlever à l'appréciation du notaire, pour la soumettre à celle du juge le montant de la somme due par le client. Mais actuellement c'est beaucoup moins une question d'appréciation qu'une question de contrôle, et le président du Tribunal n'aura comme il le faisait déjà pour les actes tarifés avant 1898 [1], qu'à examiner si le notaire ne s'est pas écarté des règles qui lui ont été assignées [2]. C'est ainsi que si un notaire chargé de l'adjudication d'un ensemble d'immeubles, ayant eu affaire à plusieurs adjudicataires éta-

———

(1) Dalloz 1865, II, p. 107; *Lyon*, 19 Janv. 1865. — Dal. 85, II, 236; *Lyon*, 29 Mars 1884.

(2) Dalloz, 1855, I, p. 23; *Cassat.*, 19 Juillet 1854. — 1867, II, p. 243; *Pau*, 23 Février 1867; 1865, II, p. 107; *Lyon*, 19 Janvier 1865.

blit sa note de frais et honoraires proportionnellement au prix à payer par chacun d'eux, le
juge trouvant ce mode de calcul défectueux
pourra établir le montant de la somme due au
notaire proportionnellement au prix total et
atteindra ainsi un chiffre inférieur, puisque les
honoraires vont en décroissant à mesure que
le prix de vente augmente.

L'action en restitution ne s'applique évidemment qu'aux honoraires réclamés par le notaire
en sa qualité de notaire; elle ne peut s'étendre
aux émoluments auxquels il aurait droit pour
les différentes missions dont il se serait chargé
en dehors de l'exercice strict de son ministère.
Nous avons indiqué plus haut le sens que
nous attachions à ces différents mots.

Section V

Procédure

Des divergences se sont élevées sur le caractère à assigner à l'ordonnance de taxe rendue
par le président du tribunal.

C'est un jugement, ont dit les uns, de même
décision qu'avant 1807 rendait le tribunal tout
entier était un jugement. Au tribunal on a
substitué son président, voilà tout.

D'autres disent : ce n'est qu'un avis impartial donné par le juge qui exerce une sorte de mission de conciliation et tache de trouver un chiffre acceptable par l'une et par l'autre des parties. Rien dans cet acte ne ressemble à un jugement, mais il constitue plutôt au dire de certains un avis préparatoire.

Nous ne faisons aucune difficulté pour admettre que sous l'empire de l'ancienne législation la décision du juge taxateur, au moins quand elle s'appliquait aux honoraires conventionnels, avait un caractère contentieux. Le juge devait y étudier une question de droit, trancher une contestation survenue à la suite d'une convention dont les effets donnaient lieu à un litige. On ne pouvait le considérer comme un conciliateur puisque sa mission n'était pas de ramener les parties à une entente commune par des concessions mutuelles [1], mais au contraire comme un véritable juge examinant si, étant données la somme et la difficulté du travail fourni par le notaire, les prétentions de celui-ci sont ou ne sont pas exagérées.

Il en est encore de même actuellement ; toutefois la besogne du Président est de beaucoup simplifiée, car guidé par le tarif, il n'a plus

(1) Sirey, 1896, I, p. 273 et la note.
(2) Dalloz, 1834, I, p. 36 ; *Cass.*, 11 Novembre 1833.

qu'un droit de contrôle à exercer ; il se borne à se demander et à examiner si le notaire n'a pas dépassé les limites qui lui étaient assignées.

La jurisprudence semble ne pas considérer l'ordonnance de la taxe comme un jugement, et pourtant elle y attachait les effets des jugements, notamment en reconnaissant qu'elle donne naissance à une hypothèque judiciaire et en permettant aux parties d'y faire opposition. [2]

La loi de 1881 était muette sur la question. Il paraît même découler de l'article 3 que le législateur admettait l'opposition non pas à l'ordonnance de taxe, mais seulement à l'exécutoire délivré à la suite de la taxe et sur la demande du notaire. Cette considération permettrait donc de considérer l'ordonnance de taxe comme ayant les caractères d'un jugement, mais d'un jugement incomplet.

Quoiqu'il en soit, il résulte des travaux préparatoires de la loi (et c'est ce qui pourrait tendre à confirmer cette dernière opinion) que l'ordonnance de taxe, à elle seule, n'était pas suffisante pour interrompre la prescription. Lors de la discussion de la loi de 1881 au Sénat le rapporteur, interpellé à ce sujet par M. Griffe, l'a dit expressément.

Avant 1897, lorsque l'ordonnance de taxe était rendue, il fallait demander au greffier un exécutoire précédé de l'ordonnance de taxe ; cet ensemble s'appelait ordonnance d'exécutoire, qui devait être signifiée à la partie adverse. En présence du mutisme de la loi de 1881, la question de savoir si la signification de cette ordonnance d'exécutoire faisait courir les intérêts, interrompait la prescription et emportait hypothèque judiciaire était très controversée. Beaucoup d'auteurs admettaient l'affirmative spécialement sur la question de l'hypothèque judiciaire. Il était difficile en effet de ne pas y voir un acte judiciaire au sens de l'article 2117 du code civil. Mais la Cour de cassation adoptait la négative.

Aujourd'hui ce n'est plus une ordonnance d'exécutoire qui est signifiée, mais l'ordonnance de taxe, revêtue par le greffier, de la formule exécutoire, et la loi déclare formellement que cette signification fait courir les intérêts, interrompt la prescription et emporte hypothèque judiciaire [1], laquelle ne pourra être inscrite qu'après l'expiration du délai d'opposition. [2]

Toutefois cette signification n'est pas nécessaire si la partie adverse, s'inclinant devant la

(1) Loi du 24 Décembre 1897, a. 4, § 7 et § 8.

(2) Il y a là une mesure analogue à celle que consacre la loi du 3 Septembre 1807 relative aux jugements de reconnaissance ou vérification d'écriture des actes sous-seings privés.

taxe, consent à payer ce que le juge taxateur prétend qu'elle doit.

La signification de l'ordonnance de taxe fait courir un délai de quinze jours pour l'opposition à l'ordonnance, et cette opposition peut être formée par l'une ou par l'autre partie. [1] Il faut que cette opposition soit motivée. Passé ce délai, si elle n'a pas été faite, l'ordonnance devient définitive.

Les débats à la· suite de l'opposition ont « lieu en chambre du Conseil, sans procédure, « le ministère public entendu »; le jugement rendu est susceptible d'appel suivant les règles ordinaires.

[1] L 1897, article 4, § 3 et § 4.

CHAPITRE III

ACTION DES NOTAIRES CONTRE LEURS CLIENTS

Section I

Parties créancières

L'action du notaire en recouvrement ne peut être exercée que postérieurement à l'obtention de la taxe provoquée soit par la demande du client, soit par celle du notaire. Mais il faut que la taxe soit faite ; sous l'empire de la loi de 1881, ce n'était pas nécessaire.

Le créancier des honoraires est le notaire instrumentant qui a dirigé l'acte.

Toutefois il est des actes qui sont passés avec l'assistance d'un autre notaire appelé notaire en second, assistance qui est tantôt facultative, tantôt obligatoire. Quand elle est obligatoire le notaire en second ne doit pas se contenter de signer l'acte, il doit encore assister à sa lecture. [1]

(1) Loi du 21 Juin 1843, article 2.

Le notaire en second a-t-il droit au partage des honoraires ? Les auteurs qui lui refusent ce droit, s'appuient sur cette considération qu'il ne prend aucune part à la rédaction de l'acte. Mais il en est d'autres, et parmi eux M. Labbé, qui malgré cela justifient sa participation aux honoraires. [1] D'abord en apposant sa signature au bas de l'acte, même s'il n'a pas été présent à la lecture de celui-ci, il engage avec le notaire instrumentant sa responsabilité. Ensuite en apposant cette signature il accomplit un acte de sa fonction et comme tel cet acte doit être rémunéré. On objecte à ce raisonnement qu'il peut être remplacé par des témoins, mais les deux témoins qui le remplacent ne font pas acte de leur profession et leur présence ne peut pas être comparée ni mise en parallèle avec celle du notaire. La jurisprudence semble donner ce droit au notaire en second. [2] En droit il n'est guère possible en effet de refuser à ce dernier la participation aux honoraires. Pratiquement cette participation n'a pas souvent lieu, à moins que le notaire en second ait pris une part spéciale aux pourparlers et à lá préparation de l'acte en indiquant par exemple un acheteur à

(1) Sirey, 1879, 1, p. 242 et la note. Cassat., 7 Janvier 1879.

(2) Voir notamment « *Nord Judiciaire* », Mai 1898, p. 139, rappelant l'arrêt de Cassation précité. *Trib. civ. Lille*, 10 Février 1898.

son confrère chargé de faire une vente. On ne pourrait donc pas, dans ce cas surtout, lui refuser un recours contre son confrère. Mais comme il n'est pas lié avec lui par la solidarité, on ne peut lui accorder une action directe contre les clients.

Quant aux notaires qui ont cessé leurs fonctions à la suite d'une destitution, d'une démission, et à leurs héritiers, en cas de décès, ils reçoivent le prix de la cession de l'office ou une indemnité qui représente tout à la fois et la valeur de l'office et celle des recouvrements restant à effectuer au moment de cessation de la fonction. C'est donc alors au successeur qu'appartient le droit de poursuivre les débiteurs. Cette règle résulte de l'article 59 de la loi de Ventose. Quelques auteurs, et avec eux la jurisprudence actuelle [1] et la Chancellerie, prétendent qu'en cas de cession on peut faire entrer dans le prix, avec la valeur de l'office, celle des recouvrements à effectuer, ou bien simplement la valeur de l'office. Dans ce dernier cas, il faudrait laisser au notaire qui a cessé d'instrumenter, le droit d'opérer les recouvrements qui restent. Mais comme il ne peut plus disposer des minutes de l'étude, [2] il devra obtenir

(1) Voyez jugement du tribunal d'*Arras* du 9 Mars 1899, dans le journal *La Loi*, numéros des 9 et 10 Avril 1899.

(2) Circulaire du Ministre de la Justice du 28 Juin 1849. Legrand, p. 183.

une ordonnance du Président du Tribunal qui lui permettra de se faire délivrer une expédition de l'acte qu'il a passé. [1] Mais, nous le répétons, l'article 59 de la loi de Ventose, semblant regarder la cession des recouvrements non comme facultative, mais comme obligatoire, il nous paraît difficile d'admettre l'opinion de ces auteurs.

Nous ferons d'ailleurs remarquer que cette opinion crée des complications. Ainsi, en matière de dispositions testamentaires et de donations entre époux, on admettait avant 1898 qu'un honoraire fixe était perçu au moment de la passation de l'acte et que l'honoraire proportionnel devenait exigible au moment où le testament et la donation produisent leurs effets par suite de la disparition de la condition suspensive. Ce système a été adopté par le tarif de 1898 qui distingue pour les testaments « un « droit fixe exigible lors de la rédaction de « l'acte et un droit dû au décès du testateur « sur les dispositions contenues dans le testa-« ment. » Il en est de même pour les donations entre époux. Cette solution est adoptée en matière d'enregistrement par l'article 68 § 3 n° 5 de la loi de Frimaire.

Certains auteurs, notamment MM. Amiaud et

---

[1] Article 23, loi 25 Ventose an XI.

Defrenois, tranchent la question d'une manière incidente et décident que dans le cas qui nous occupent l'honoraire proportionnel revient au notaire rédacteur de l'acte; ils admettent donc par là même, à tort selon nous, que l'office seul doit faire l'objet d'une cession, et que les recouvrements doivent être faits par le notaire cédant.

D'autres estiment au contraire que le prédécesseur ayant été suffisamment désintéressé par l'honoraire fixe, c'est le notaire détenteur actuel des minutes qui a droit à l'honoraire proportionnel; de plus, c'est lui qui a seul le droit de délivrer des expéditions de ces actes; enfin, admettre le contraire serait pousser le notaire cessionnaire à faire modifier le testament ou la donation pour lui donner droit sûrement et incontestablement à l'honoraire du nouvel acte. Il semble que ce soit bien là, en effet, le but qu'a voulu atteindre la loi de Ventôse, et nous ne pouvons pas la blâmer d'obliger le notaire qui cesse ses fonctions à faire la cession des recouvrements à opérer, car il est très naturel que ces recouvrements soient effectués par le détenteur des minutes.

On admet généralement que si le notaire gérant opère les recouvrements des honoraires des actes passés par celui dont il a momentanément l'étude, ce n'est pas pour son propre compte, car il remplit toujours ici la fonction d'un mandataire; en cas de décès il est mandataire des héritiers, en cas de déconfiture il est mandataire du notaire en déconfiture tant que la destitution n'a pas été prononcée, et après la destitution, l'office faisant retour à l'Etat, il est mandataire de l'Etat.

Le coût des expéditions et des grosses revient toujours et sans difficultés au notaire détenteur des minutes.

Section II

Parties débitrices

Le débiteur des honoraires est celui qui est indiqué dans l'acte comme ayant cette qualité. Des usages se sont établis sur ce point. Si l'acte était muet à ce sujet, il faudrait décider que les frais se répartissent sur toutes les parties qui ont concouru à l'acte, à moins que la loi ne vienne elle-même indiquer celle qui doit les supporter; c'est, par exemple, le débiteur dans une quittance (article 1248 du Code civil), l'acheteur dans une vente (article 1559 du même code).

Mais si, en règle générale, les parties sont tenues au moins conjointement du paiement, faut-il décider qu'elles le sont solidairement?

Les auteurs qui considèrent le contrat existant entre notaire et clients comme un mandat déclarent ceux-ci obligés solidairement vis-à-vis de l'officier ministériel, conformément à l'article 2002 du code civil. « Rien de plus juste, « en effet, les parties s'adressent ensemble au « notaire ; l'acte est rédigé dans leur intérêt « commun et pour leur avantage réciproque ; « enfin l'acte, par sa nature, forme un tout « indivisible. » [1]

On ne se contente donc pas de la solidarité, on invoque l'indivisibilité ; c'est ce que font certains auteurs, [2] et aussi un jugement assez récent du juge de paix du premier canton de Bruxelles, à la date du 7 Juin 1883, [3] dont voici l'objet et les principaux motifs.

Un notaire réclamait à l'une des parties à l'acte qu'il avait rédigé le montant intégral des frais parce que l'autre partie déclarée débitrice de ceux-ci par une clause expresse était tombée en faillite et devenue insolvable, il invoquait la solidarité de l'article 2002.

(1) *Dictionnaire des Notaires,* v° notaire.

(2) Notamment Laurent, tome XIX, n° 520.

(3) Dalloz, *Supplément au Répertoire de Jurisprudence,* v° notaire, p. 92, n° 226.

Le juge de paix rejette par son jugement cette prétention, mais il condamne néanmoins le défenseur au paiement total : « Attendu que « bien qu'il n'y ait ni mandat, ni solidarité, le notaire a le droit de poursuivre indifféremment et individuellement contre chaque partie le paiement de ses débours et honoraires, mais que ce droit repose sur une autre base légale que celle invoquée par le demandeur ;—Attendu qu'en effet, au moment de la passation de tout acte, il se forme entre parties et notaire un contrat *sui generis* ordinairement tacite où l'intérêt et la volonté des uns est de donner à leurs conventions l'authenticité avec tous les avantages que la loi y attache ; où l'intérêt et la volonté de l'autre a pour objet les frais ; — attendu que ceux-ci, *bien que divisibles par leur nature,* sont dus intégralement sans fractionnement, comme constituant le complément indivisible et inséparable de l'acte même ; que les parties le savent et le veulent ainsi et contractent par le fait même l'obligation dont parle l'article 1221, 5° du code civil ; — attendu que le principe de l'indivisibilité qui équivaut par ses effets à la solidarité résulte de l'intention des parties, etc... »

Quelque spécieuse qu'apparaisse l'argumentation, nous ne saurions admettre qu'il y ait véritablement ici indivisibilité de l'obligation d'acquitter les frais. D'abord le jugement ci-dessus le reconnaît lui-même : la somme d'argent représentative de ces frais est parfaitement divisible et l'on se trouve à cet égard en dehors de l'hypothèse de l'article 1221, 5° du code civil. De plus l'indivisibilité ne résulte pas davantage de la nature de l'obligation des parties qui n'avaient nullement l'intention de s'engager chacune pour la totalité. L'indivisibilité de l'obligation des clients ne découle pas non plus de l'indivisibilité de l'acte rédigé, car il y a là deux obligations absolument distinctes et séparées. Si l'une découle de l'autre, il ne s'en suit pas pour cela qu'elles aient toutes deux le même caractère.

Si nous rejetons l'indivisibilité, nous n'admettons pas davantage la solidarité. Nous nous sommes en effet appliqués à montrer que le notaire n'était pas un mandataire mais louait ses services. Or, s'il existe en matière de mandat une règle de droit qui crée une obligation solidaire pour le paiement des frais d'exécution de ce mandat, elle ne se retrouve plus pour le louage de services. Il faut appliquer ici les règles générales de la solidarité. Or aux termes de l'article 1002 du code civil, celle-ci, lorsqu'elle n'a pas lieu de plein droit en vertu d'une disposition de la loi n'existe que si elle est expressément stipulée. La solidarité entre les débiteurs n'est que conventionnelle quand elle n'est pas édictée légalement. En matière de louage de services, la solidarité n'y étant pas imposée par un texte n'existera que s'il y a stipulation expresse lors de l'engagement. Aussi, selon nous, les clients du notaire, parties dans un même acte, ne peuvent-ils être tenus solidairement qu'en vertu d'une convention spéciale et expresse intervenue entre eux et l'officier ministériel.

Avec cette question nous touchons du doigt le motif qui a poussé à dénaturer le caractère juridique de l'œuvre du notaire et à y voir, au lieu d'un louage d'ouvrage, un mandat.

Si les notaires eux-mêmes, en se disant mandataires, courent le risque de n'avoir droit à aucun honoraire, à moins qu'il n'ait été préalablement stipulé, le mandat étant un contrat naturellement gratuit, ils ont du moins, comme compensation, le grand avantage de pouvoir contraindre leurs clients par une action solidaire au payement de tout ce qui leur est dû. Le danger en somme est minime et nous ne croyons pas que le cas se soit souvent présenté de clients assez indélicats pour invoquer la gratuité du mandat. L'avantage au contraire est considérable, car non seulement ils ne refusent pas de payer, mais encore ils sont soumis à l'action solidaire que le notaire peut exercer contre chacun d'eux pour le tout.

Cette action donnée au mandataire se conçoit et s'explique. Si d'une part, en effet, il s'oblige à l'égard de plusieurs personnes qui ont en lui une confiance, inspirée souvent par l'amitié, à rendre en raison de cette amitié et de cette confiance un service commun, on comprend, d'autre part, qu'il reçoive de la loi, comme compensation, une garantie toute spéciale.

La solidarité des co-mandants résultant naturellement et directement du mandat, n'a pas besoin d'être mentionnée formellement dans la formation du contrat dont elle constitue un des effets légaux. Il y a là une exception remarquable aux principes généraux, qui veulent que la solidarité soit expressément stipulée. Il n'y a pas à s'inquiéter non plus de la façon dont le contrat a été formé, si le consentement a été tacite ou exprès, et si, dans ce dernier cas, il a été donné par écrit ou oralement.

Mais il faut d'abord qu'il ait été formé pour une seule affaire, commune à plusieurs, et ensuite que tous y aient adhéré par eux-mêmes ou par mandataires. Si le mandat n'a été donné que par un seul sans qu'il ait reçu des autres aucune mission, il n'y aurait pas de solidarité et les parties que l'affaire intéresse resteraient simplement tenues à l'égard de l'autre par l'action *de in rem verso.* [1]

Faut-il que le mandat ait été donné par toutes les parties dans le même acte ? C'est l'opinion de plusieurs auteurs. [2] Mais on pourrait douter que cette condition fut nécessaire, car il n'y a aucun formalisme dans la solidarité moderne. Si on suppose le mandat donné relativement à une même affaire par chacun des intéressés dans plusieurs actes successifs, les conditions d'existence de ce mandat commun sont remplies, et par suite aussi, croyons-nous, les conditions d'existence de la solidarité, qui en est la conséquence. Il y a pluralité de débiteurs, c'est évident, et unité de lien, puisque l'affaire est commune. Tous les éléments voulus sont donc réunis. L'article 2002 du code civil ne pose pas comme condition que la convention ait été passée dans le même acte.

Il est à peine utile de dire ici que la jurisprudence donne au notaire, pour se faire payer une action solidaire contre ses clients [3] ; il y a là une conséquence fatale du caractère juridique qu'elle attache aux fonctions de cet officier ministériel.

---

(1) Paul Pont, *Petits Contrats,* tome I, n° 1125.

(2) Laurent, tome XVIII, pages 35 et suivantes.

(3) Voyez *Cassat.,* 26 Juin 1820 ; Sirey, 1820, I, p. 409. — *Cassat.,* 19 Avril 1826.

Pour nous qui nous refusons à voir l'exécution d'un mandat dans la rédaction d'un acte authentique, nous estimons que le notaire pourra poursuivre ses clients par une action solidaire, seulement lorsqu'il aura puisé ce droit dans une convention expresse.

L'hypothèse ou cette stipulation aura lieu dans un acte séparé et distinct de celui-là même qui crée la dette serait évidemment très rare. Mais si elle se présentait, il faudrait alors admettre qu'elle doit se produire dans un acte unique, sinon l'unité de lien serait rompue ; et si chaque partie demandait séparément au notaire ses services pour une affaire commune, les honoraires resteraient, à notre avis, simplement à la charge de celle qui serait désignée dans l'acte ou dans la loi comme devant les supporter.

Il est, pour le notaire, très simple, d'établir entre ses clients la solidarité au moyen d'une mention spéciale insérée dans l'acte même que ceux-ci lui ont demandé de rédiger, dans lequel ils figurent et qu'ils signent tous. Par l'effet de cette signature, chacun se trouvera tenu à l'égard de l'officier ministériel au paiement total des frais et honoraires. Mais, nous le répétons, à défaut de cette convention spéciale, la solidarité n'existera pas.

On comprend facilement que la solidarité légale

résultant directement du mandat reçoive, à
l'égard des co-mandants une application complète. Celle, au contraire, qui résulterait d'une
stipulation séparée, intervenue entre le notaire
et ses clients, serait susceptible de limitation,
soit quant à l'objet, soit quant aux personnes.

C'est ainsi que dans la première toutes les
parties indistinctement qui auront figuré dans
l'acte, c'est-à-dire toutes celles pour lesquelles
l'acte a été rédigé, pourront être poursuivi chacune pour le tout. Certains auteurs n'admettent cependant cette solution que si elles ont
un intérêt identique. Ainsi le prêteur qui inter-
viendrait dans un acte de vente, pour fournir
des fonds à l'acheteur, n'est tenu que pour les
frais afférents à l'acte de prêt [1] La vérité c'est
qu'il y a là deux actes distincts, deux mandats
différents donnés au notaire pour parler comme
les partisans de la solidarité légale. L'un a trait
à une vente, l'autre à un prêt. Pour ce dernier
l'acheteur et le prêteur sont tenus solidairement au payement des honoraires; pour l'autre
les débiteurs solidaires sont le vendeur et l'acheteur. Il ne faut donc pas mesurer les intérêts
des parties dans l'acte, mais simplement voir
si cet intérêt existe. C'est là une condition suf-

[1] Amiaud, *Traité formulaire du Notariat, v⁰* honoraires,
page 302.

fisante, mais nécessaire. Si une partie intervient dans un acte ou son intérêt n'est pas engagé, comme pourrait le faire, par exemple, le débiteur cédé dans un acte de cession de créance, elle n'est pas soumise à l'action solidaire du notaire. [1] Il y aura lieu de tenir compte de la différence d'intérêts des parties quand on envisagera leurs droits respectifs dans leurs rapports entre elles. Vis-à-vis du créancier elles sont tenus indistinctement pour le tout. [2] Il faut aussi admettre que cette obligation s'étend à tous les frais occasionnés directement par la confection de l'acte authentique, tels que droits d'enregistrement, de transcription, frais de la grosse ou de la première expédition et enfin honoraires.

Dans la solidarité conventionnelle, au contraire, qui seule, à ce que nous pensons, doit exister dans cette matière, le lien solidaire est susceptible, suivant la volonté des contractants de s'élargir ou de se resserrer, il peut unir tous les débiteurs ou quelques-uns seulement d'entre eux. Il peut s'appliquer à la totalité de la dette ou à une fraction de celle-ci.

Mais quelle que soit l'opinion que l'on professe sur la source de l'action solidaire donnée

(1) Amiaud, *Traité formulaire du Notarial,* v° honoraires, page 303.

(2) *Langres,* 14 Mai 1834. *Rev. Not.* n° 6902.

au notaire, il faut admettre que, dans tous les cas, les règles établies par le code, pour déterminer les effets généraux de la solidarité passive s'appliqueront toujours.

C'est ainsi notamment que dans l'une et l'autre théorie il faudra discerner parmi les exceptions auxquelles la demande du créancier sera susceptible de donner naissance, celles qui, aux termes de l'article 1208 du Code civil seront communes à tous les débiteurs, et que tous pourront invoquer, de celles qui seront personnelles à l'un ou à quelques-uns d'entre eux, et que ceux-là seuls pourront opposer.

Section III

Délai

Quels que soient le nombre et la qualité des débiteurs du notaire, la loi n'a pas voulu qu'ils restent exposés trop longtemps à ses poursuites, et l'article 1 de la loi du 24 Décembre 1897 a fixé à cinq ans le terme de cette action. Il y a là, d'ailleurs une disposition contenue autrefois dans l'article 1 de la loi du 5 Août 1881 abrogée aujourd'hui, mais à laquelle la loi

de 1897 a emprunté un grand nombre de dispositions.

Un délai relativement restreint était ici nécessaire ; une trop longue attente favorise les
contestations et les procès ; elle cause dans la
comptabilité un désordre et un trouble susceptibles de tromper sur la véritable valeur de
l'office, et elle obligerait le successeur à continuer les mêmes errements. En l'absence d'une
règle légale, le notaire qui veut le règlement
prompt et régulier de ses affaires se voit pré-
férer un collègue qui laisse à ses clients toute
liberté pour la date du payement. Il y avait là
autrefois un manque regrettable d'uniformité.
D'autant plus que le véritable intérêt des parties autant que celui du notaire exige toute
suppression de retard en cette matière.

La loi a donc voulu poser une limite aux
réclamations du notaire. Telle qu'elle est cette
limite peut paraître d'une durée suffisante. Il
est même à souhaiter que les officiers ministériels, loin d'attendre qu'elle soit sur le point
d'expirer, pour exercer leur action, opèrent
leurs recouvrements année par année. Une circulaire ministérielle du 19 Octobre 1876 [1] rap-
pelait ces prescriptions dont l'inobservation
avait été motivée par les évènements de 1870 :

____

(1) Sirey *Lois annotées* 1876 page 177.

« Règle générale le recouvrement doit être fait
« dans l'année. Mais souvent les notaires s'abs-
« tiennent pendant plusieurs années de récla-
« mations à l'égard des clients pour ne pas
« les mécontenter. De telles habitudes sont
« dangereuses ; par exemple : le successeur
« compte sur les produits déclarés de l'office
« et a des difficultés pour toucher une faible
« partie de ses honoraires. S'il n'a pas un fonds
« de roulement relativement considérable il est
« exposé à des tentations. »

Le législateur n'a pas cru devoir donner aux
notaires pour leur action en recouvrement, le
même délai qu'aux clients pour l'exercice de
leur action en restitution d'honoraires. Cette
différence se conçoit, car le notaire a de nombreux recouvrements à opérer et pour le faire
régulièrement, il doit les classer et les éche-
lonner. Quelques-uns peuvent soulever des
discussions et de longs procès et il faut lui
laisser plus de temps qu'à ses clients pour
agir en justice.

Mais il est moins facile de comprendre pourquoi, alors que l'occasion s'en offrait à lui, le
législateur de 1897 n'a pas assimilé aux notaires, les avoués et les huissiers, qui restent
formellement soumis les uns aux dispositions
de l'article 2273, les autres à celles de l'article
2272 du Code civil. Il eut été préférable, du

moment qu'un choix était fait entre la prescription biennale ou annale du code et la prescription quinquennale qu'on voulait établir, d'appliquer aux uns comme aux autres, celle à laquelle on se ra liait définitivement [1].

Le point de départ de cette prescription est la date des actes. Cette règle ne souffre pas de difficultés lorsque les conventions et les dispositions qu'ils relatent seront pures et simples. Mais que faut-il décider lorsqu'elles seront conditionnelles ? L'article 1 de la loi de 1897 § 1 *in fine* ne prévoit que le cas où la disposition est subordonnée à la condition de la mort de son auteur, et il en fait une application en matière de « testament et de donations entre « époux pendant le mariage », en décidant qu'alors le point de départ du délai sera le jour de la réalisation de la condition. Cette disposition étant exceptionnelle doit être interprétée restrictivement et ne peut être étendue à des actes où l'acte mentionnerait une autre condition.

Observons que de même qu'il y a deux sortes d'honoraires à percevoir pour les donations

---

(1) Quelques auteurs se demandent si par voie d'exception le notaire peut réclamer après 5 ans une somme qui lui est due par un client qui l'actionne. Nous ne le pensons pas, il y aurait là un moyen indirect de tourner la loi qui ne peut être employé.

entre époux et les testaments : l'un fixe dû au au moment de la rédaction de l'acte, l'autre proportionnel, dû au moment de la mort de l'auteur des dispositions il y aura aussi deux prescriptions distinctes ayant chacune leur point de départ spécial.

Les dispositions finales de l'article 1 de la loi de 1897 nous permettent de nous prononcer sur le caractère spécial à assigner à cette prescription. Elle n'a pas comme on pourrait tout d'abord le penser le même fondement que la prescription trentenaire. Elle repose sur une présomption de payement, comme les petites prescriptions auxquelles elle doit être assimilée. Car d'une part aux termes de notre loi, « les articles 2275 et 2278 sont applicables à « cette prescription [1] », et d'autre part, elle est susceptible d'être interrompue, comme elles « lorsqu'il y a eu compte arrêté obligation ou « signification de taxe [2] ». Car il y a là, la reproduction à peu près exacte de l'article 2274 du code civil ; le mot « citation » est simplement remplacé par les mots : « signification de taxe ». Sous l'empire de la loi de 1881 la question n'était pas tranchée entièrement, car son article 1er, ne se référait qu'à la deuxième partie du texte de l'article 2274 du code civil, sans

(1) Loi du 24 Décembre 1897, article 1, § 4.
(2) Loi du 24 Décembre 1897 a. 1 § 3 in-fine.

rappeler la première d'après laquelle, la prescription « a lieu bien qu'il y ait continuation de « travaux et services.... ». On aurait pu penser alors que la prescription de l'action des notaires ne commençait à courir que du moment où ils avaient cessé leurs services à l'égard de leurs clients ; moment qui aurait été assez difficile à préciser. Aujourd'hui la loi nous dit que « la prescription a lieu quoiqu'il y ait eu « continuation d'actes de leur ministère de la « part des notaires [1] ».

Section IV

Des autres moyens donnés au notaire pour se faire payer

Le notaire qui ne veut pas s'engager avec son client dans les luttes d'un procès peut le contraindre indirectement au payement d'abord en refusant de lui délivrer avant payement l'expédition ou la grosse qui sera un titre pour le client ; il pourra même faire ce refus au client qui lui demande cette expédition et qui

---

(1) Loi du 24 Décembre 1897, a. 1 § 3.

n'est pas le débiteur des frais. Cette règle résulte de l'article 851 du code de procédure.

Le notaire pourra encore retenir par devers lui les différentes pièces que les parties lui auront confiées et qui lui auront servi à la rédaction de son acte. La jurisprudence admet aujourd'hui ce moyen [1], bien qu'elle ait commencé par le rejeter

Avant 1897 alors qu'on n'était pas certain des effets de la signification de l'exécutoire et que les notaires pouvaient d'un moment à l'autre voir contester ces effets ils avaient intérêt à atteindre leurs clients par l'action de droit commun. Aujourd'hui que la signification de l'ordonnance de taxe interrompt la prescription fait courir les intérêts et emporte hypothèque judiciaire, ils n'ont plus intérêt à choisir l'action du droit commun et même la jurisprudence prétend qu'ils n'en ont pas le droit. Il en a été décidé ainsi pour un huissier par le tribunal de Melun [2]. On peut supposer que la décision ne différerait pas pour les notaires.

[1] *Cassat.* 10 Août 1870.
[2] *Melun* 16 Décembre 1893.

CONCLUSION

—

Cette étude des honoraires des notaires nous
a montré que l'accord est loin d'être fait sur
la nature du rapport juridique unissant les
notaires à leurs clients.

Il nous paraît toutefois rationnel et conforme
aux principes du droit de considérer le notaire
engagé dans un louage de services. Nous ne
nous dissimulons pas que cette théorie est
dans l'application moins avantageuse pour l'officier ministériel que celle qui le considère
comme un mandataire. Mais il faut bien nous
accorder que dans notre système le notaire
peut s'il le veut prendre les précautions nécessaires pour la sauvegarde de ses droits. Au
point de vue de la solidarité notamment il lui
suffit de la stipuler par une clause spéciale
que les parties accepteraient vraisemblablement.
A tous autres égards notre théorie n'entame
en rien les intérêts du notariat.

Touche-t-elle à sa dignité ? Nous ne le pensons pas. L'honorabilité est dans l'homme,

dans ses actes, dans son œuvre et non dans son affiliation à telle ou telle classe dans la société. Le notaire fournit, comme c'est son devoir, la part de travaux et de labeurs, dont l'honoraire est le prix, et il ne gardera sa dignité et n'inspirera la confiance que par l'accomplissement scrupuleux et honnête de sa mission.

Vu : Lille, le 21 Avril 1899.

Le Président de Thèse,

V. JACQUEY.

Vu :

Le Doyen,

Louis VALLAS.

Vu et permis d'imprimer :

Lille, le 24 Avril 1899.

Le Recteur,

J. MARGOTTET

LE CATEAU. — IMPRIMERIE J. ROLAND. — 32018